品牌叙事与传播

PINPAI XUSHI
YU CHUANBO

马咏蕾 编著

华东师范大学出版社
·上海·

图书在版编目（CIP）数据

品牌叙事与传播/马咏蕾编著. -- 上海：华东师范大学出版社，2024. -- ISBN 978-7-5760-5437-8

I. F279.23

中国国家版本馆CIP数据核字第202441M7S7号

品牌叙事与传播

编　　著　马咏蕾
组稿编辑　孔繁荣
责任编辑　章　悬
责任校对　李琳琳
装帧设计　郝　钰

出版发行　华东师范大学出版社
社　　址　上海市中山北路3663号　邮编 200062
网　　址　www.ecnupress.com.cn
电　　话　021-60821666　行政传真 021-62572105
客服电话　021-62865537　门市（邮购）电话 021-62869887
地　　址　上海市中山北路3663号华东师范大学校内先锋路口
网　　店　http://hdsdcbs.tmall.com

印　刷　者　上海商务联西印刷有限公司
开　　本　890毫米×1240毫米　1/32
印　　张　7.375
字　　数　157千字
版　　次　2024年12月第1版
印　　次　2024年12月第1次
书　　号　ISBN 978-7-5760-5437-8
定　　价　63.00元

出版人　王　焰

（如发现本版图书有印订质量问题，请寄回本社客服中心调换或电话021-62865537联系）

目　录

1　前　言

1　**第一章　叙事与品牌叙事**
3　　第一节　叙事与叙事学
11　　第二节　品牌叙事的概念
14　　第三节　讲好中国品牌故事
17　　本章小结和学习重点
17　　课后思考题

19　**第二章　讲故事对塑造品牌的意义**
21　　第一节　讲故事能建立一种群体感
23　　第二节　符号的故事是品牌识别的起源
28　　第三节　战争也无法阻挡品牌故事的传播
32　　第四节　讲故事能引发情感共鸣
38　　第五节　怀旧故事勾起内心的记忆
44　　第六节　故事能创造市场
52　　本章小结和学习重点
52　　课后思考题

第三章　品牌故事的构成要素

- 55　第三章　品牌故事的构成要素
- 57　第一节　主题——积极清晰地传达品牌形象
- 64　第二节　冲突——一个好故事的原动力
- 68　第三节　角色——引人注目的人物设定
- 76　第四节　情节——详细而经典的事件流程
- 81　本章小结和学习重点
- 81　课后思考题

第四章　讲故事成为企业管理策略

- 83　第四章　讲故事成为企业管理策略
- 85　第一节　核心故事与品牌理念
- 98　第二节　讲故事成为企业的沟通工具
- 101　第三节　品牌故事树
- 107　第四节　"由内而外"的故事营销
- 113　本章小结和学习重点
- 113　课后思考题

第五章　挖掘真实的人物故事

- 115　第五章　挖掘真实的人物故事
- 117　第一节　员工的故事
- 122　第二节　创始人的故事
- 126　第三节　消费者的故事
- 129　第四节　意见领袖的故事
- 132　第五节　合作伙伴的故事
- 137　本章小结和学习重点
- 137　课后思考题

139	**第六章　如何让故事常讲常新**	
141	第一节	赋予产品新的生命
146	第二节	品牌延伸与故事创新
155	第三节	品牌故事的体验营销
163	第四节	让故事影响更多的人
168	本章小结和学习重点	
168	课后思考题	
171	**第七章　中华老字号的传奇与传播**	
173	第一节	字号的寓意与创始故事
181	第二节	掌门人的经营之道与创业故事
189	第三节	产品文化与包装故事
193	第四节	独门"秘技"与匠心传承
198	第五节	字号的传播故事
204	第六节	老字号讲述新故事
218	本章小结和学习重点	
218	课后思考题	
221	**参考文献**	

前　言

　　当人们提及自己比较熟悉的品牌时，往往会想到一个标志，一句广告语，或者代言人的形象，但是很少真正了解标志设计背后的故事，或者广告故事想表现的真谛。主要原因可能是企业并不了解，企业发展岁月中很多珍贵的故事，不仅代表了企业发展的历程，而且对企业未来的运营也会有很大的借鉴意义。此外，品牌故事的不断创新需要很多的策略性思考：不仅需要考虑每一个故事的结构和意义，也必须考虑众多故事之间的主次或其他关系；不仅需要表达品牌的理念，也希望能够打动大众。这就是为什么品牌叙事的研究对于企业而言尤为重要，它是品牌传播的重要基石和表现手法之一，能够帮助企业制订必不可少的传播策略与内容体系。

　　品牌叙事实际上意在将文学创作的叙事理论运用到品牌传播的范畴中，通过讲故事的方式传达品牌的内涵和愿景。讲故事和塑造品牌有同一个出发点：情感和价值观。一个强大的品牌建立在明确定义的价值观上，而一个好故事能用一种我们所有人都容易理解的语言来传达这些价值观。一个好故事可以表达我们的情感，并将人们联系在一起。

　　有关品牌叙事的研究国内尚处于初期阶段，相关的文献也多是观点式的介绍，很少用严谨的研究方法进行探究。较早出现的有：袁绍根的《品牌叙事：提升品牌价值的有效途径》对品牌如何讲故事作了简介性的论述；余明阳和戴世富的《品牌文化》、汪秀英的《品牌学》这两部专著分别以"品牌叙事与品牌文化"和"品牌叙事"的表述方式，对品牌如何讲故事进行了概要性介绍，初步涉及品牌叙事的相关理论。2022年，王菲出版了《品牌叙事》，该教材的优点是从叙事学理论切入，在梳理叙事学理论的基础上，将"叙事"的"实然"，即什么是叙事、叙事具有什么特征等叙事学原理，与品牌营销沟通活动的"实然"相结合，搭建了整体分析框架，并基于品牌活动的实际案例，从各个局部出发分析了品牌叙事的特征，构建了品牌叙事体系，并在局部根据叙事学原理和品牌实践强调了"应然"，即如何进行品牌叙事。这本教材的缺点是对中国企业的品牌叙事问题和对策没有太多研究。

国外目前只有这方面的专著而无教材，缺点是出版时间都很早，主要研究讲故事与品牌管理之间的关系，选择案例都比较老旧，中国企业借鉴的可能性不大。如劳伦斯·维森特（Laurence Vincent）2004年出版的《传奇品牌：诠释叙事魅力，打造致胜市场战略》全面系统地探究了企业如何运用品牌叙事策略打造传奇品牌，对品牌叙事与传奇品牌之间的关系进行了分析。克劳斯·福（Klaus Fog）2005年出版的《讲故事：打造品牌实战策略》阐述了叙事的四个基本的要素——信息、冲突、人物、情节，探讨了如何在商业背景下讲故事，如何讲、向谁讲公司品牌故事，以及如何通过能带来经济效益的方式讲述这些故事。瑞恩·马修斯（Ryan Mathews）等人2007年出版的《你的故事是什么：用故事进入市场、受众和品牌》，分析了如何才能打造一个让人难以忘怀的故事，从而确保品牌故事在浩如烟海的市场信息中能被消费者接收、记住并加以响应。综上所述，国外学术研究不乏叙事视角的相关成果，但就塑造品牌这一主体而言，目前仍然缺少对应的文献深入探讨讲故事与塑品牌的关系，以及探讨讲故事在品牌发展与品牌营销上的应用。虽然很多学者研究过叙事广告对于品牌形象的影响，但品牌形象只是品牌策略操作的结果，与塑造品牌是不同阶段和级别的问题，后者涉及的是品牌战略的更高层次。品牌建设已经从传统的打广告、传播品牌故事转变为强调打造品牌、塑造品牌形象、强化品牌与消费者之间的关系以及增加品牌资产（brand equity）等方面内容，因而从战略的高度来分析品牌故事的价值，必然是品牌未来发展的需要。

本书的特色是通过理论演绎和案例验证的方式，提出品牌叙事作为一种非常重要的塑造品牌的工具，可以帮助企业进行品牌定位、促进品牌与顾客建立关系、传达品牌的核心价值、传播品牌文化。此外，还结合中国企业的问题进行研究和剖析，例如讨论了中华老字号传奇故事的保护和传播。本书的具体结构如下：

第一章探讨了叙事的基本定义，叙事与故事、叙事与沟通的区别与联系，以及叙事具有的四大关键性特征。本章简要介绍了叙事学的起源和发展，以及国内外专家和学者对于叙事学理论的研究情况。随着社会经济文化的发展，文化现象日益纷繁复杂，叙事理论研究者的视野已不仅限于文学文本，而是扩展到了电影、绘画、广告、建筑等多个领域。接着分析了品牌的概念和品牌叙事的概念。结合品牌、品牌形象、叙事的基本概念，提出品牌叙事的定义可以是品牌与利益相关者之间的叙事沟通，是企业遵循叙事规律来塑造品牌的一系列实践和活动，它是叙事在品牌传播过程中的运用。根据品牌资产的"五星"构成要素，提出了品牌叙事的四大特征。最后提出讲好中国故事、传播好中国声音的重要性。这不单单涉及保护并传承老字号的故事。中国有很多成功的国际品牌，由于东西方文化存在巨大差异，国外知名品牌在讲故事方面积累的成功经验不一定能用于中国品牌，一味模仿西方品牌故事的中国企业很难在国际市场上获取竞争力。因此，我们迫切地需要研究适合中国企业的品牌叙事理论框架。

第二章从品牌发展历史的角度剖析品牌叙事的由来，分析战争时期品牌叙事对传播品牌的意义。品牌叙事能帮助用户建立品牌记忆，新奇有趣的故事还能开拓甚至创造市场，挖掘更多潜在的受众。

第三章讨论了讲故事的四个要素，以及如何将这些要素组合成一个完整的故事。就像大自然有四大元素——土、风、火、水，本章介绍的四大元素构成了故事的核心基础。

第四章主要阐释了企业如何把讲故事用于多个战略性目的：无论是在战略管理层面，还是在日常的运营层面。随着传播企业故事的重要性越来越凸显，企业越来越需要开发一个能打动消费者的故事，最好的讲故事者将是未来的赢家。

第五章提出，很多企业并没有意识到自己已经拥有很多值得传播的故事，没有理由再去编造故事来传达公司的信息。真实人物的故事为企业的信息增加了可信度，往往比虚构的故事强得多。日常的故事就像活的有机体一样在企业的组织中传播，使企业获得必要的原材料来打造好的故事。通过和真实的人物交谈，可以从侧面了解很多企业故事，包括企业发展脉络、企业的成功与危机、产品研发过程等。这些故事对于企业来说是极其宝贵的资料，也是所有品牌宣传内容的坚实基础。

第六章讨论了企业如何更新故事库。在一个产品和品牌过剩的时代，公司必须讲述一个强有力的故事：一方面，企业内部需要更好地规划未来的产品和品牌故事；另一方面，企业需要让更多人记住、参与、体验并传播企业故事。为了迎接更多的市场竞争的挑战，企业必须让故事有持续的吸引力。为了实现这一点，管理层必须做好准备，拆除不同部门工作的壁垒，让整个公司紧密合作，共同支持同一个统一的核心故事，不断扩展和更新各种内外部故事资源和内容。

第七章讨论了中华老字号传奇故事的保护和传播。总体来看，老字号的传奇故事有内部和外部两类。内部故事有字号商标的故事，企业创始人、历代掌门人、技艺传承人的故事，产品研发的故事，还有老字号的大事记、获得的荣誉和经历的危机。老字号创始人最初创业起家的故事经常触及企业赖以生存的核心价值观和经营观念。企业知道自己的根源是与众不同的，当必须为公司的未来作出决定时，它会提供启示和鼓舞。外部故事则指老字号顾客的轶事，除此之外，老字号的合作伙伴也会有很多值得纪念的故事。

由于写作时间有限，书中难免有疏漏，之后会继续研究和深入探讨，恳请广大读者指正！

马咏蕾

2022年12月

第一章
叙事与品牌叙事

第一节 叙事与叙事学

叙事

"叙事"同"叙述",《辞海》中的解释是:"文学创作的基本手法。是对人物、事件和环境所作的讲述和呈现。"叙事(narrative)的词根是叙述(narrate)。叙事包含各种含义:故事(stories)、说明(accounts)、传说(tales)或描述(descriptions)。叙事是对事件、经历等的描述,旨在支持特定的观点,无论其是真实的还是虚构的。叙事是关于故事的书面、口头或视觉上的表述,是叙述或讲故事的艺术、技巧或过程。在形式上,叙事包括故事、传记、小说和新闻等人们熟悉的形式,也包括广告和历史文件等特殊形式。正如罗兰·巴特(Roland Barthes)所言,叙事"种类浩繁,题材各异"。人们可以通过口头语言、书面语言、画面、手势或者这些形式的混合来传达各种叙事。叙事本身就是随着人类历史发展而生的,它形式无限,遍布所有

第一章

的时代和社会，也遍布世界的每一个角落。

叙事学研究者约翰·卢凯奇（John Lucaites）与西莱斯特·肯迪特（Celeste Condit）在1985年的《传播学学刊》上发表了一篇文章，将叙事分为三种模式：诗意叙事、辩证叙事以及修辞叙事。这三种形态分别承载了不同的叙事功能。诗意叙事的终点在于呈现美、表达美，是为审美；辩证叙事的根本目标在于发现真理、呈现真理，是为启示；而修辞叙事则以征服目标受众为终极目标，是为说服。他们还提出，叙事代表了一种人类意识的普世媒体，"几乎包括所有活跃语"。小说、传说、神话、民间故事、历史、寓言、绘画、戏剧、杂闻、谈话，所有这一切都可以是叙事的承载物。

目前叙事理论研究范畴内常将"叙事"与"讲故事"交替使用，但它们实际上有一定的区别。故事在现实认知观的基础上，被描写成非常态性现象，是文学体裁的一种，侧重于事件发展过程的描述，强调情节的生动性和连贯性，较适于口头讲述已经发生的事或者想象的事。故事一般都和原始人类的生产生活有密切关系，他们迫切地希望认识自然，于是便以自身为依据，想象天地万物都像人一样有着生命和意志。故事既是一种推理模式，也是一种表达模式，它是人们将各种经验组织成有现实意义的事情的基本方式，也是人们了解事件与建构真实的工具。

法国叙事学家热拉尔·热奈特（Gérard Genette）在《叙事话语》中区分了故事、叙事、叙述这三个不同的概念。他认为，故事指真实或虚构的事件，叙事指讲述这些事件的话语或文本，叙述则指产生话语或文本的叙述行为。叙事理论是关注某一叙事文本如何使事件、背景、人物和视角相联通的理论。在叙事理论当中，像"故事"这样的术语有着特殊的含义。每一个叙事都有两个部分：一个是故事，指事件的内容或串联（动作、发生的事等），再加上存在物（角色、场景中的事物）。另一个是话语，即内容赖以传达的方法。简言之，在一个叙事当中，故事是指讲什么（what），而话语是指怎么讲（how）。"讲什么"是故事事件的原材料，而"怎么讲"是以叙事话语的方式对事件加以呈现。故事事件在时间和空间上都是按照一定的顺序排列的，这就是情节设计。同样的一套故事事件，可以按照不同的方式来排列。因此，同样的故事能够形成很多不同的叙事，而到底选择以什么样的方式来讲故事是由叙述者决定的。一般来说，不同于客观的事实陈述，故事往往会通过对事件、人物的描述表现出叙述者的观点即故事主题，一般用来指导故事的叙述、提供感情的交流或者传递更深层次的内涵。

一般而言，叙事构建各种故事具有以下关键性特征：(1)每一个故事都有重点要表述；(2)讲故事的人一旦决定了故事的重点，就会选择可以帮助其表达该重点的素材作为故事的内容；(3)故事的重点与素材一旦决定，讲故事的人就会将这些素材编排为线性的、时间先后有别的序列；(4)此序列通常又被理解为具有因果关系的序列；(5)故事通常有清晰可辨的开始、中场、结局之分界点。

此外，叙事与沟通的概念也经常被混淆，但是叙事对促进沟通是非常有效的。沟通是指不同的行为主体通过各种载体实

第一章

现信息的双向流动,形成行为主体的感知,以达到特定目标的行为过程。沟通包括输出者、接收者、信息、渠道、噪声等五个主要因素。由于叙事的功能决定了叙事的普遍性,修辞与传播学者沃尔特·费舍尔(Walter R. Fisher)认为叙事是人类的普遍现象:"任何说理与沟通,不论是社会的、正式的、法律的,还是其他,都要使用叙事。"人类沟通的过程也是叙事表达的过程,但是沟通可能有更明确的目的,强调双向交流。

沟通的主要功能是向沟通对象表达自己的想法和情感,这就决定了表达是沟通的重要环节,因而表达方式的选择就显得极为重要:没有艺术的表达方式,要得到良好有效的沟通结果是不太可能的。因此,叙事的第一大功能是形成生动有趣的表达方式。故事情节的变化和结局的无法预测都能促使接收者认真倾听,与此同时,故事通过明喻或暗示,轻松而巧妙地传达叙述者的观念,达成沟通目标。

叙事的第二大功能是帮助人们理解沟通的信息。故事是从古至今人类社会中普遍存在的文化要素,人们是通过故事来建构思考和组织讯息的。生活中的很多信息和知识都是以故事的形式储存、编码和提取的,新的事件或者问题也是通过与先前理解了的已存储故事建立联系的方式来被理解的。叙事心理学提出,叙事帮助我们理解事件之间的关系,我们借由故事来建构、诠释与分享经验,这是人类的自然倾向——把人、物、事、行为、行为发生的场景等以故事的形式加以组织,以便理解它们的关系。故事帮助人们了悟生活经验,掌握周围事物与人生各种境遇的意义。

叙事的第三大功能是帮助人们体会、评价与处理沟通中产生的情感。故事不仅包含信息和意义，还带有情感。相比事实陈述，故事会带有一定的艺术性和夸张性。此外，故事通过设置人物角色、情节和结局等，赋予沟通更多的情感色彩。神经科学通过核磁共振实验发现：故事不仅会刺激大脑的语言和逻辑区，也会刺激情感和感官区；故事能够引起神经变化，生理感受和运动系统都会产生反应。而事实和数据信息只对大脑的语言区有所刺激，情感和感官区则没有反应，这些脑区的反应只能由故事触发。这就意味着故事不仅可以帮助人们理解世界，也可以帮助人们感受和体验有感情的沟通。

此外，故事能够为沟通带来其他多种好处，包括不具威胁性、能结合听故事的人的想象、帮助人们走向未知的心灵领域、让概念变得更有趣、引发行动、让想法更容易被记住、提供新的联想、提供安全的环境处理复杂的情绪以促进与鼓励倾听等。

叙事正成为与认知相关的众多跨学科研究的中心，与哲学、心理学、神经科学、计算智能、语言学、管理学等互为研究语境。综合了多学科研究成果的新叙事理论认为：叙事是建构和更新大脑认知模式的过程，人们是通过叙事来建构思考和组织信息的。

叙事学

叙事学与叙事的含义不同，它是一门年轻的学科，一般来说，专指20世纪六七十年代产生于法国的西方叙事学。"叙事学"一词最早是由茨维坦·托多罗夫（Tzvetan Todorov）提出

第 一 章

的。他在1969年发表的《〈十日谈〉语法》中写道:"……这部著作属于一门尚不存在的科学,我们暂且将这门科学取名为叙事学,即关于叙事作品的科学。""叙事学"一词由拉丁文词根"narrato"(叙述)加上希腊文词尾"logic"(科学)构成。简单说来,叙事学就是关于叙述文本的理论,它着重对叙事文本作技术分析。

尽管"叙事学"一词在1969年由托多罗夫正式提出,但人们对叙事的讨论却早就开始了。叙事学研究可追溯到古希腊时期的柏拉图和亚里士多德。在对戏剧与史诗的探究中,柏拉图对叙事所作的模仿(mimesis)/叙事(diegesis)二分说可以被看成是这些讨论的发端。亚里士多德也曾对情节进行论述,认为最好的情节应该拥有开头、经过和结尾。18世纪小说正式进入文学殿堂后,对叙事(尤其是小说)的讨论更加充分全面:从小说的内容到小说的形式,再到小说的功能和读者的地位等。今天人们热衷于讨论的一些叙事学范畴,如叙述视点、声音、距离等,也早有人讨论过。如李斯特(Thomas Lister)于1832年就利用"叙述视点"来分析小说作品,同时期的另一位学者洛克哈特(John Gibson Lockhart)更是使用这一术语来探讨如何使作者与自己的作品保持恰当的"距离"。后来经过詹姆斯(Henry James)的全面讨论、福斯特(Edward Morgan Forster)和肖尔(Mark Schorer)等的深入发挥,叙述视点成为小说批评(自然也包括叙事学)最为重要的术语之一。

法国叙事学家罗兰·巴特认为任何材料都适宜于叙事,不仅包含文学作品,还包括绘画、电影、连环画、社会杂闻、会话等。叙事承载物可以是口头或书面语言，也可以是固定或活动的画面、手势，以及所有这些材料的有机混合。而实际上，叙事学的发展并没有完全遵循这种设想，它的研究对象局限于神话、民间故事，尤其是小说这些以书面语言为载体的叙事作品。即使是非语言材料构成的叙事领域，也是以研究用语言作载体的叙事作品为参照的，巴特撰写的《流行体系》一书，就是在研究报纸杂志上关于时装的文字符号。单就神话、民间故事、小说这三者而言，叙事学早期关注的是神话和民间故事，主要研究的是"故事"，叙事学发展以后主要研究小说，关心的是"叙事话语"。这样，从实际发展情况来看，叙事学是对以神话、民间故事、小说为主的书面叙事材料的研究，并以此为参照研究其他叙事领域。

　　叙事学的产生是结构主义和俄国形式主义双重影响的结果。结构主义强调要从构成事物整体的内在各要素的关联上去考察事物和把握事物，特别是索绪尔的结构主义语言学，从共时性角度即语言的内在结构而不是从历时性角度即历史的演变去考察语言，这种研究思路对叙事学产生了重大影响。由于早期叙事学研究存在一系列问题，其研究对象被严格地限定在叙述文本之内，因而其竭力排除与社会、历史、文化等相关联的要素，排除读者在某一特定的文化背景下对作品的接受，排除与作者的创作意图、思想观念密切相关的各种因素。因此，后来出现了后经典叙事学和后结构主义叙事学，叙事学研究呈现出多元共存的状态。

　　20世纪80年代中期，叙事学理论开始被逐步介绍到中国，

第一章

特别是弗雷德里克·詹姆逊（Fredric Jameson）在北大的演讲，带来了中国叙事学的繁荣。1986—1992年是叙事学译介最活跃的时期，西方最有代表性的叙事理论作品基本上都是在此期间翻译成中文的。中国本土化的叙事研究也有了显著成果，具有代表性的有陈平原的《中国小说叙事模式的转变》(1988)、罗钢的《叙事学导论》(1994)、杨义的《中国叙事学》(1997)等。

国内不同的学者对叙事学的认识也是不同的。《拉鲁斯法语词典》中对"叙事学"一词的解释："人们有时用它来指称关于文学作品结构的科学研究。"赵毅衡认为，叙事学的研究对象主要是文字叙述，而且主要研究艺术性文字叙述，即文学叙述，包括小说和叙事诗。而董小英认为，叙事学是文本形式的内部研究，是以语言学、修辞学、逻辑学为学科基础的关于文本叙述方式、结构的科学研究，它既不是描述性介绍，也不是地域性文化研究，而是原理性研究，它注重在普遍现象和特殊现象的差异中反映出的普遍规则。

从概念上不难发现，叙事学经典研究的对象大多是文学作品。而在学科不断发展、研究不断拓展的当下，叙事学研究当以多重视角进行。叙事学学科研究对象可以扩展到具有叙事性的、依托不同媒介出现的各种"文本"。美国叙事学者曼弗雷德·杨（Manfred Jahn）也曾指出，如今叙事学的研究模式是"叙事学+X"。随着社会经济文化的发展，文化现象日益纷繁复杂，叙事理论研究者的视野已不仅限于文学文本，而是扩展到了电影、绘画、广告、建筑等多个领域，体现了叙事理论蓬勃发展的生命力。

第二节　品牌叙事的概念

品牌的由来:"品牌"一词源于古斯堪的纳维亚语,意为"灼烧",最早是指人们烙印在家畜身上的各种符号,用于区别不同的饲养者。到了中世纪的欧洲,手工艺匠人用这种打烙印的方法在自己的手工艺品上烙下标记,以便顾客识别产品的产地和生产者。这就形成了最初的商标,并以此向消费者提供担保,同时向生产者提供法律保护。

世界著名广告大师、奥美的创始人大卫·奥格威(David Ogilvy)在1955年对品牌作了如下定义:品牌是一种错综复杂的象征,它是品牌的属性、名称、包装、价格、历史、声誉、广告风格的无形组合。品牌同时也因消费者的使用印象及自身的经验而得到界定。这一概念表明品牌是很多方面的综合表现,强调了消费者的品牌印象和使用体验。然而这一定义的提出引发了两个关键问题:这些无形组合的统一点在哪里?消费者是

第一章

唯一的目标受众吗?

虽然品牌叙事的形式可以是多样和丰富的,但必须考虑通过品牌叙事来传达统一的品牌愿景和核心价值。美国品牌战略专家劳伦斯·维森特说:"品牌利用品牌叙事传达一种世界观,即一系列超越商品使用功能和认知产品特征的神圣理念。"

品牌叙事不仅通过各种形式来传达理念,它还有一个目的是塑造统一的品牌形象。我们看一下品牌形象的定义:品牌形象是指品牌利益相关者对某一品牌的总体质量感受或在品质上的整体印象。很多教材的解释都过于突出消费者是品牌叙事的唯一受众,这忽视了品牌叙事中不同利益相关者的印象和感知。品牌叙事的受众对内可以是员工、管理层、供应商、销售方,对外则可以是消费者、普通大众、竞争者、传媒等。

结合品牌、品牌形象、叙事的基本概念,品牌叙事可以指品牌与利益相关者之间的叙事沟通,是企业遵循叙事规律来塑造品牌的一系列实践活动,它是叙事在品牌传播过程中的运用。从狭义上讲,品牌叙事是指企业将品牌相关宣传资料提供给受众(品牌利益相关者),以此传播品牌背景文化、品牌价值理念及产品利益诉求等方面的内容。它是品牌背景文化、价值理念以及产品利益诉求点形象化的生动体现。从广义上讲,品牌叙事是指企业通过讲故事的形式,向受众(品牌利益相关者)阐释和传播其品牌内涵和核心价值观等以引起消费者的共鸣、形成品牌良好形象的实践活动。广义的品牌叙事更强调品牌传播的终极目标,即统一不同利益相关者对于品牌形象的感受和认知,是逐步建立和积累品牌资产的过程。

根据品牌资产的"五星"构成要素——品牌知名度、品牌形象、品牌忠诚度、品牌联想、其他资产,品牌叙事具有以下特征:

第一,品牌叙事必须由浅入深地建立和消费者的联系。品牌认知的广度是品牌知名度,品牌认知的深度是品牌认知度。品牌叙事需帮助消费者识别、记忆某品牌的产品类别和特色,不断扩大品牌知名度,加深消费者的品牌认知度。

第二,品牌叙事必须能够帮助企业形成良好的品牌品质形象。品牌叙事能够缩小品牌形象和品牌识别的差距。品牌形象是消费者的一种判断和感性认识,是对品牌的整体感知。生动又富有内涵的品牌故事能帮助品牌利益相关者,特别是消费者,形成对品牌质量的整体印象。

第三,品牌叙事要包含创造性意象,从而激发消费者丰富的联想。品牌叙事中人物角色需要凸显品牌个性、产品特征,要能够加深品牌在消费者心中的印象。品牌叙事需要创造各种与品牌相联系的事物,丰富品牌体验,使消费者形成对品牌的特定感知。

第四,品牌叙事需通过故事主题来表现价值观和人生观,以此来加强消费者的品牌忠诚度。在消费升级的大环境下,消费者对品牌的功能需求逐渐减少,更希望通过品牌获得价值上的认同、情感上的共鸣。例如,通过品牌参与公益活动的故事来呼应人们所关注的社会议题,增强品牌的社会使命感。又比如,利用真实的消费者人物故事,来打消消费者购买和使用该品牌产品的顾虑。品牌叙事要能够让品牌和消费者在精神世界进行心与心的对话。

第三节　讲好中国品牌故事

　　1978年,中国共产党召开十一届三中全会,重新确立解放思想、实事求是的思想路线,作出"把党和国家的工作重心转移到经济建设上来,实行改革开放"的历史性决策,开启改革开放和社会主义现代化建设的历史新时期,实现新中国成立以来党的历史上具有深远意义的伟大转折。自此,中国坚定不移地发展开放型经济,坚持与世界对话,这对于中国品牌而言既是契机也是挑战。无数国际品牌涌入中国市场,中国品牌受到了很大冲击,迫切需要进行改革,并坚持探索有中国特色的品牌建设。近年来,习近平总书记在不同场合发表系列重要讲话,多次提出"讲好中国故事,传播好中国声音"。因此,构建基于中国历史文化、经营之道而又活跃于现代市场的中国品牌故事,有助于营造正面积极的国家形象,提升国家的文化软实力,增强中国的文化自信和国际话语权。

谈中国品牌，就不能不说到中华老字号。据统计，1993年以来，国家有关部门确认了1600多家中华老字号。这些老字号平均有160多年的历史，最长的甚至达到三四百年。他们凭借着良好的信誉、独特的产品、优质的服务，在当地乃至全国产生一定的影响力，具有相当的知名度和美誉度。商务部调查显示，在这1600多家老字号中，300多家企业面临长期亏损的困境，超过1000家企业勉强维持现状，只有160家企业处于赢利状态。老字号正在以每年5%的速度消失。对于百年老字号来说，品牌故事的挖掘与保护非常重要。老字号品牌文化积淀深厚，品牌故事内容丰富，字号名称、产品和包装风格都深入人心。此外，老字号产品的制作技艺多为纯手工技艺，有别于大工业机械化批量生产的工艺技术，因此多数老字号企业非常关注对独特技艺的保护和世代传承，很多老字号已经有了好几代传承人。保护和传承老字号对讲好中国品牌故事有很重要的意义，本书第七章会详细探讨这部分内容。

除了中华老字号，中国还有很多成功的国际品牌。作为"中国十大世界级品牌"评选机构的英国《金融时报》曾经通过一定的程序挑选了30个在国际市场上有所建树的中国本土品牌作为"十大"的候选，行业涉及能源及矿产、汽车制造、金融及保险、高科技及通信、食品饮料、网络、交通及物流、电视传媒等八个领域，李宁、安踏、联想、海尔、格力、中兴等知名品牌都进入了候选名单。但到目前为止，仍然还是有很多中国企业误以为品牌故事只能在特定时期吸引消费者注意，其实品牌故事是打入消费者内心塑造品牌的长期性重要工具。因此，

第一章

很多中国品牌会在品牌叙事上遇到决策性的困难，例如：耗费大量资金频繁地更换广告语，广告新旧故事有很大的差异，广告故事中人物角色设定不清晰，等等。

此外值得我们注意的是，中国文化博大精深、兼收并蓄，除了经济因素，各种非经济性宏观因素也会极大地影响中国品牌故事的发展。而且由于东西方文化存在巨大差异，国外知名品牌在讲故事方面积累的成功经验也不一定能用于中国品牌，一味模仿西方品牌故事的中国企业很难在国际市场上获取竞争力。因此，我们迫切地需要研究适合中国企业的品牌叙事理论框架，以更好地指导品牌管理与传播实践。

本章小结和学习重点

(1) 叙事的定义及其内涵。

(2) 叙事学理论的起源与发展。

(3) 品牌叙事的概念与主要特征。

(4) 讲好中国品牌故事的必要性。

本章首先探讨了叙事的基本定义,叙事与故事、叙事与沟通的区别与联系。然后简要介绍了叙事学的起源和发展,以及国内外专家和学者对于叙事学理论的研究情况。接着分析了品牌和品牌叙事的概念,并根据品牌资产的"五星"构成要素,提出了品牌叙事的四大特征。最后提出讲好中国故事、传播好中国声音的重要性。

课后思考题

1. 简述叙事的基本定义。分析叙事与故事、叙事与沟通的区别与联系。

2. 简述叙事学理论的起源和发展,列举国内外专家的观点。

3. 请从品牌内涵出发,分析品牌叙事的概念与主要特征。

4. 举例说明某个中国品牌如何通过品牌叙事来传播品牌文化。

第二章
讲故事对塑造品牌的意义

第一节 讲故事能建立一种群体感

人类学家罗宾·邓巴（Robin Dunbar）指出，讲故事活动与人类群居模式关系密切。从前，当人类还处在狩猎和采集阶段，族人们晚间会围着火堆分享当天打猎时发生的精彩故事。同样，一个部落的长者也在这时把关于祖先、神明的传说告诉族人，知识和经验就这样一代代教授和流传。正是这些故事帮助每个部落形成独特的文化，赋予部落价值，使其区别于其他部落，并帮助建立起本部落在对手部落中的威望，这便是讲故事最原始而纯粹的形式。

在人类学家看来，讲故事活动主要还不是为了分享传说、消磨时间，而是为了建立一种群体感，更直接点说，就是为了强化人际间的抱团行为。罗宾·邓巴认为夜话中"被激发的情感会促进胺多酚的分泌，有益于群体感的建立"。不管讲述什么内容，围坐在火堆边，伴着跳跃的火光讲述引人入胜的故事，

第二章

总能创造出温馨的氛围,在讲故事的人和听故事的人之间形成一种亲密的联结。

现代许多历史悠久的品牌企业,在许多方面都与这些古老的部落相似:在公司内部和外围流传着的故事,描绘了公司的愿景和蓝图,展现了公司处理各种人际关系的价值观、公司管理的优点和缺点。无论是对员工还是对客户,企业就像古老部落的长者一样,通过分享企业故事,定义"我们是谁"和"我们代表谁";而员工们就像古老部落的族人,受到故事的鼓舞,并感受到团队的精神。

事实上,讲故事是我们人类的一个重要功能。知名作家和电影导演保罗·奥斯特(Paul Auster)曾经说过:讲故事是我们在生活中创造意义和理解世界的唯一途径。我们需要用故事来了解自己,并对外阐述我们是谁。此外,通过用故事分享生活经历,我们可以更好地理解日常生活中的冲突和矛盾,找到融入这个世界的路径。

第二节　符号的故事是品牌识别的起源

德国哲学家恩斯尔·卡西尔（Ernst Cassirer）认为："人是创造文化符号的动物，宗教、神话、语言、艺术是人类符号活动的结果，是文化的不同符号表现形式。"品牌的构建和传播都离不开标志符号的设计、识别。简洁的符号不仅易于识记，同时也浓缩了企业创业和发展的历史故事。标志符号的萌芽出现在远古时期，原始人为了传递信息、记录生活事件，常常使用结绳、刻树、刻石等作标记。"品牌"一词来源于古斯堪的纳维亚语"灼烧"，指远古先民们在自己拥有的动物身体上烫烙，或在物件上标注记号。随着商品交换时代的到来，人们开始在自己生产的商品上绘制、刻写各种能显示生产者和生产年份的标记符号，这些符号除了具有能指功能，还具有宣传、推广以及传达商业信息的功能，即符号的所指。例如：古希腊和古罗马时期的陶器、金器以及灯具上都刻有文字或图案，被认为是古

第二章

老的商标。这些符号拥有背景故事和寓意,能彰显物品拥有者的阶级地位和贵族身份。

以绳结符号为例,中国现存最早的诗文总集《昭明文选》在序中提到:"式观元始,眇觌玄风,冬穴夏巢之时,茹毛饮血之世,世质民淳,斯文未作。逮乎伏羲氏之王天下也,始画八卦,造书契,以代结绳之政,由是文籍生焉。"

这段文字说明古人认为从结绳记事到文字产生,是从野蛮过渡到文明。原始社会用绳索的结节作为符号来记数或记事。古人又利用植物的色彩,把细绳染成各种颜色,每种颜色代表一类事物,使记事更加清楚。在漫长的人类发展过程中,结绳记事除了间接启迪了神奇而复杂的文字符号的产生,其自身也演变为各种图案符号。

西方远古时期的符号往往有着多元而神秘的寓意,很多符号故事也流传至今。例如爱尔兰人(凯尔特人)的文明,可以追溯到公元前8000年,拥有丰富的文化遗产和非常古老的传统符号,其中绳结符号就有达拉凯尔特结、永恒结、圆形结等,每一种绳结符号都有独特的寓意、象征和故事。

达拉凯尔特结中"达拉"这个词的含义可以追溯到爱尔兰语单词doire,意为"栎树"。达拉凯尔特结与栎树的根系有关。凯尔特人,尤其是德鲁伊信仰,视栎树为神物。他们常常通过这些树木来获得有意义的信息,以适应日复一日的生活。栎树是命运、权力、力量、智慧、领导力和耐力的象征,因而所有这些也都与达拉凯尔特结相关。栎树的根以达拉凯尔特结的形式呈现,是内在力量的重要来源,也是拥有神圣资源的象征。

讲故事对塑造品牌的意义

达拉凯尔特结

永恒结

圆形结

图2-1 由远古时代凯尔特绳结符号演变而来的现代图形符号

第二章

永恒结可以是任何封闭路径的凯尔特绳结设计模式。这样的凯尔特绳结既没有开端，也没有末端。圆形结，正如它的名字所暗示的，这些结是圆形的，强调生命永恒的连续性。有人认为它代表一些对象或属性的无限品质，而其他人则认为它强调"永无止境"的追求。正是出于这个原因，圆形结在结婚戒指或其他礼品品牌标志设计中十分常见，它强调彼此之间的感情永无止境。

欧美一些奢侈品牌的标志设计和辅助图形中也经常出现绳结符号。例如作为意大利王室供货商的普拉达（PRADA），自从1919年起便开始将萨瓦盾徽和绳结式王室章纹作为标志印在皮件产品上。传统的普拉达标志是一个椭圆环，环上有着绳结的纹理，四边绳结其实是象征意大利王室的八字结，又名王室结和爱之结，而标志正上方则是王室的盾形徽章。

同样是绳结符号，中国结起源于上古先民的结绳记事，可谓历史悠久。《易·系辞》载："上古结绳而治，后世圣人易之以

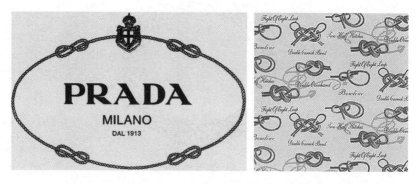

图2-2 绳结符号在奢侈品牌标志设计和辅助图形中的应用

书契。"梁武帝诗《有所思》中有"腰中双绮带,梦为同心结"之句。可见,在古老的华夏土地,"结"被先民们赋予了特定的表情达意功能,备受人们的尊重。中国结中有双钱结、纽扣结、琵琶结、团锦结、十字结、吉祥结、万字结、盘长结、藻井结、双联结、锦囊结等多种结式。时至今日,中国结仍然随处可见,广为流行,很多企业标志也使用了中国结图案。例如,中国联通的司标就是由中国结中的"盘长"纹样演变而来的:迂回往复的线条象征着现代通信网络,寓意信息社会中联通公司的通信事业井然有序而又迅达畅通,同时也象征着联通公司的事业无穷无尽,日久天长。

图2-3　中国联通的标志由中国结中的盘长纹样演变而来

第三节 战争也无法阻挡品牌故事的传播

很多国际著名品牌创始和发展的故事都和战争有关联。第二次世界大战夺去无数人生命，许多国家满目疮痍。然而，战争在毁灭财富的同时却也催生了很多知名的品牌，例如可口可乐（Coca-Cola）、之宝（ZIPPO）打火机、骆驼牌（CAMEL）香烟、劳力士（Rolex）手表等。在整个第二次世界大战期间，很多品牌故事随着军队传到了世界各地。时至今日，这些战争中的故事成为众多企业宣传品牌的珍贵资料，它们不仅记载着品牌成长所经历的艰难历史岁月，同时也激发员工更加珍惜企业今天的成就，以此宣告品牌成长进入新时期。

瑞士军刀——"口袋工具的世界领导者"

瑞士军刀品牌维氏（Victorinox）称自己是"口袋工具的世界领导者"。瑞士军刀，又被称为万能刀，是一种将许多工具集合在同一刀身的折叠小刀。瑞士军刀中包含的基本工具常为牙签、剪刀、平口刀、开罐器、螺丝刀、镊子等。使用这些工具时，只要将它们从刀身的折叠处拉出即可。之所以称其为"瑞士军刀"，是因为瑞士军方曾为士兵配备这款工具刀。瑞士军刀创始人卡尔·埃尔森纳（Karl Elsener）于1897年为他的设计申请了专利。瑞士军刀的畅销是在第二次世界大战期间，这把功能多样的小刀很受士兵们的喜爱。

图2-4　瑞士军刀品牌维氏的标志设计演变

战争结束后，维氏非常善于利用人类重大历史性事件传播品牌故事，其中之一就是其产品曾被带上月球。1969年7月20日，阿波罗11号飞船登陆月球，阿波罗登月50周年之际，维氏推出特别版"登月者"，备受欢迎的瑞士军刀修补匠系列再添新成员。作为阿波罗登月周年特别版，"登月者"的组件和工具使用变色多光谱电镀工艺，呈现出质感高端的黑色，并刻有产品编号和登月年份"1969"，手柄两侧表面印有阿波罗登月图像。每一把"登月者"都配有设计精巧的礼盒，并随附证书。美国航空航天局的宇航员多次在航天任务中使用了瑞士军刀，这款特别版也是在向他们致敬。

图2-5　维氏的阿波罗登月周年特别版

时至今日，瑞士军刀已经不再是战争中的军用工具，而是和平与瑞士文化的重要象征。2020年是中瑞两国关系发展的重要一年：中瑞两国迎来建交70周年。当年1月17日，维氏军刀作为中瑞建交70周年官方贺礼，于瑞士驻华大使馆惊艳亮相：红色柄片搭配中瑞建交70周年徽标，以经典致敬中瑞两国的友好双边关系。礼盒整体背景设计融入了中瑞两国具有代表性的花卉，并搭配见证两国友好关系源远流长的计时工具。

讲故事对塑造品牌的意义

图2-6 中瑞建交70周年官方贺礼——维氏瑞士军刀

第四节　讲故事能引发情感共鸣

从20世纪90年代开始，由于品牌国际化、全球化扩张，产品同质化严重，市场竞争日益激烈，细分市场的选择越来越多，不再有绝对权威的标准，消费者的情感因素和对优质生活的追求日渐成为重要的消费影响因素，讲故事成为品牌塑造的重要工具。

由于商品选择太多，每个顾客都会搞清楚自己想要什么，选择与自己的价值观和生活方式相吻合的品牌、商品或服务。因此，企业必须倾听目标消费者的心声。无论是穿的、吃的还是用的，消费者都更倾向于选择与自己产生情感共鸣的产品或者服务，这也是获得社会认同的一种方式。消费者变得愈来愈非物质化，越来越受到情绪的影响，这种趋势符合马斯洛的需要层次理论：当基本的生活需求都得到了满足，人们理所当然会去追求社交、自我实现等高级需求的满足。

对于有近百年甚至更长历史的品牌来说，在品牌故事中融入亲情、爱情、友情，不仅能赋予商品生命力和人性化特点，而且容易激起消费者的怀旧之情或向往之情，从而激发消费者对商品的购买动机。

无法替代的亲情

益达（Extra）于1984年在美国诞生，是最早在美国推出无糖口香糖的品牌，并在短短五年之内成为全球无糖口香糖第一品牌。在中国，箭牌公司从1996年开始在广东率先推出"益达"无糖口香糖。

在消费者的心里，益达是温馨、健康、快乐、甜蜜的代名词。通过分析益达广告可以发现，其早期广告基本都是通过情侣的故事来展现益达带来的甜蜜感觉。随着社会的进步，口香糖的消费群体不再局限于年轻人，而是开始吸引儿童和中老年人，其广告故事也开始表现更多的情感，如温馨的亲情广告《父女的千纸鹤》。这是益达在美国推出的一支非常成功的广告，创作人摒弃了一般口香糖惯用的"清新口气"、"牙齿健康"等元素，从亲情入手，以口香糖包装纸折成的千纸鹤为故事主线，讲述了动人的父女情：在女儿成长的很多个瞬间，父亲的千纸鹤总会在不经意间出现，岁月流逝，小小的千纸鹤代表父亲深沉的爱，成为父女之间的小默契。很多人都曾用口香糖包装纸来折纸，益达发现了这一生活细节，通过感人的小故事来表达"益达口香糖一直陪伴在你身边"的含义。广告最后一句"给予更多，得到更多"（Give extra, get extra）是画龙点睛的双关语，

图2-7 益达广告《父女的千纸鹤》

让整支广告的表达效果趋于极致。

永恒的主题——爱情

以爱情为主题的品牌故事非常多。例如戴比尔斯（De Beers）、哈根达斯（Häagen-Dazs）、香奈尔（CHANEL）、德芙（Dove）等品牌都在其宣传中注入爱情元素，让产品成为情侣之间表达爱意的送礼首选，这就是爱情故事的魔力。

世界钻石业的卡特尔——跨国公司戴比尔斯，主宰了全球四成的钻石开采和贸易。1888年，戴比尔斯联合矿业公司成立，标志着戴比尔斯在钻石世界的传奇正式开启。

"钻石恒久远，一颗永流传"（A diamond is forever）这句堪称经典的广告语是纽约著名的艾耶父子广告公司于1940年为戴比尔斯公司创作的。这句广告语打动了无数沉浸在爱河中的情侣，他们期待爱情的永恒，便被钻石这一稀有而珍贵的"宝石之王"所深深吸引。1990年，这句经典的广告语进入中国，使中国消费者开始广泛接受钻石文化。现在进入戴比尔斯的官网，你仍然可以看到非常醒目的标题和图片："戴比尔斯，赞咏爱之非凡。爱让我们心生羁绊，爱让我们坚不可摧。——爱是生生不息的存在。无关形式，爱总能让我们凝结在一起。它描绘着前方未知的人生道路，见证旅途中每一个无可替代的里程碑时刻。戴比尔斯通过品牌故事赞颂生命中珍贵的情感关系，铭记携手共度的美好时光。"戴比尔斯正是用这样歌颂爱之坚定的态度，来表达品牌的信念和对高品质产品的追求。

第二章

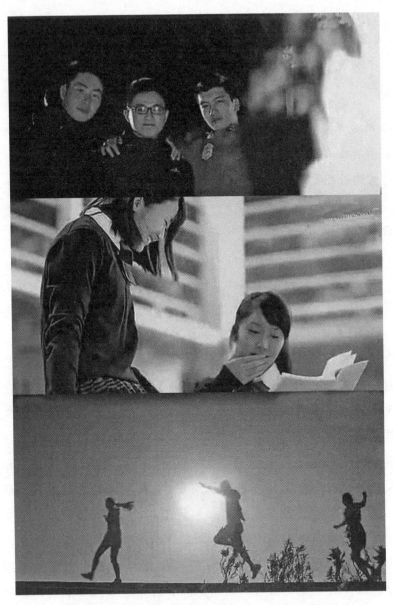

图2-8 2013年新百伦拍摄的微电影《友谊永不褪色》

友谊永不褪色

新百伦（New Balance）是1906年威廉·赖利（William J. Riley）在美国马拉松之城波士顿创立的品牌，在美国及许多国家被誉为"慢跑鞋之王"。

赖利在观察院子里的小鸡时，发现鸡爪的三趾可以保持平衡，他将受到的启发运用到脚弓支撑器的设计和研发上，"New Balance"（意为"新的平衡"）的名字便由此产生。1906年，赖利在美国波士顿成立了脚弓支撑器公司，专门订做整形外科使用的脚弓支撑器和矫正鞋。赖利从小鸡爪子的形状得到灵感这件事也成为一个传奇故事。

2013年，新百伦拍摄了微电影《友谊永不褪色》，影片使用红、蓝、灰三种颜色（红色代表激情，蓝色代表默契，灰色代表永恒），将它们与有关友谊的场景串联起来，赋予每一种颜色与青春、友谊有关的意义，再将这种意义附于产品之上，在强调珍惜友谊的同时，提升了经典款"574"三原色系列球鞋的情感价值，让目标消费者觉得：新百伦这一品牌代表了青春和永不褪色的友谊，这是一双陪伴我们成长的鞋子。

第五节　怀旧故事勾起内心的记忆

在《混沌时代的管理和营销》一书中，菲利普·科特勒（Philip Kotler）提到：随着2008年金融危机的影响逐步深化，企业、产业和整个市场摇摇欲坠。在这个动荡的时代，人人自危。人们的不安和恐惧心理逐渐显露出来，消费者开始寻找安全的心理慰藉，用来逃避残酷的现实，获得暂时的心理安宁。于是，怀旧日渐成为普遍的社会追求。

怀旧是一种苦乐参半的情感：人们对于过去既伤感又渴望。随着"过去的好时光"越来越受追捧，许多品牌广告开始激发对年轻时代的回忆，希望这些情感可以被注入他们今天销售的产品之中。"怀旧营销"是菲利普·科特勒提出的一个概念，指在营销活动中给予消费者一定的怀旧元素刺激，激发消费者的怀旧情怀，呼应他们内心深处的记忆符号，以此来引发购买倾向。

讲故事对塑造品牌的意义

大众经典车款定制改装换新

大众汽车(Volkswagen)是一家总部位于德国沃尔夫斯堡的汽车制造公司,也是作为世界四大汽车生产商之一的大众集团的核心企业。

大众汽车发现自己存在脸书(Facebook)粉丝过少的问题,便发起了一个名为"FANWAGEN"的推广活动,将其20世纪30年代的两款明星车型推至社交网络,号召粉丝对这两款汽车进行定制改装以及作品分享。这两款车型中的一款为经典款大众甲壳虫,正式名称为大众1型,是由大众汽车在1938年至2003年间生产的紧凑型轿车。大众甲壳虫的发展故事诠释了德国汽车文化,外观造型是它留给世人最独特的记忆。尽管大众甲壳虫已经从当年的"国民车"蜕变为今天时尚、个性的非主流车型,其实用功能已经不能和目前开发的汽车相提并论,但

图2-9 大众20世纪30年代的两款明星车型

其拥有现代和经典相结合的设计元素,因而永远不会缺乏青睐。此后,大众决定将粉丝定制改装的大众汽车实际生产出来,作为特别的奖品送给参与这次推广活动的资深粉丝。

整个推广活动以怀旧为切入点,从线上话题讨论、粉丝参与,到线下执行、创造热点,最后回到网络以新闻热点的形式再次传播品牌故事。带有怀旧情结且符合品牌期待的消费者成了怀旧营销过程的体验者和参与者。

双妹重新演绎20世纪30年代的上海风韵

说到怀旧营销,国内不少老品牌也都有过尝试,这样的广告语曾遍布大街小巷:"老国货,新风尚"(回力)、"30年国民品牌"(大宝)、"东方之美看我的"(百雀羚)、"小时候,一听见芝麻糊的叫卖声,我就再也坐不住了"(南方黑芝麻糊)。一大批"国货老字号"凭借独具特色的故事营销,重回大众视线,让企业看到了怀旧营销的巨大商业价值。这些品牌大多仍旧保留原来的包装,因为中老年顾客认识这些老包装,他们在与品牌的长期互动中产生的感情,会随着时间的推移,逐渐转化为怀旧情感。

除了留住中老年顾客,有不少老字号发现怀旧营销也能使得品牌变成新的潮流,吸引年轻消费群体。例如上海家化专门对"80后"、"90后"甚至是"00后"进行了消费者研究,发现他们青睐带有本土文化色彩的产品。"双妹"带有海派文化印记,又是全新的时尚化妆品,于是上海家化选择"复活"老品牌"双妹"。诞生于1898年清光绪年间的中国化妆品品牌"双

讲故事对塑造品牌的意义

图2-10 "双妹"早期粉饼盒包装设计

图2-11 "双妹"经典产品"夜上海香水"重新演绎20世纪30年代的上海风韵

图2-12 "双妹"经典产品"粉嫩膏"的新设计颇具现代感

妹"，就这样被打造成中国化妆品行业的奢侈品牌。其经典产品"粉嫩膏"、"夜上海香水"被重新设计了包装，引起人们的热议，并在市场上热卖。百年前的"双妹"品牌"复活"，不仅为消费者揭开了一段尘封的记忆，讲述了一个久远的故事，更是为本土品牌传播地方文化以吸引年轻消费群体提供了示范。

第六节　故事能创造市场

现代管理学之父彼得·德鲁克（Peter F. Drucker）说过这样一句话："好的公司满足需求，伟大的公司创造市场。"

今天的市场产品过剩，市场细分也已经达到极致，由商品经济转向服务经济已经成为必然。顾客需要企业提供独特的购物、消费和使用体验。故事能为产品和服务增添独特的附加值，企业必须讲述能打动消费者的故事，由此创造新的市场和用户体验。

企业必须改变惯常的思维和闭门造车的做法，完全由新产品驱动、拼命以产品功能和特性诉诸消费者理性的公司前路坎坷。我国很多老字号一味强调自己的产品物美价廉，但价格亲民不再是决定性的优势，竞争对手能以同样的成本获得同样的生产技术、产品设计。当今企业面临的一个重要挑战就是为自己的品牌植入强有力的核心价值主张，这也是讲故事在现代的用武之地。当企业和品牌通过讲述一个明确表现自己与对手的不同之处的故事来宣传自身的时候，他们也帮助消费者找到了自己的位置。企业表现消费者和员工的情感，也给了消费者和员工表达自己价值主张的机会。

海尔集团创始人张瑞敏曾说：目前我国家电企业正在进行过度的无序竞争，最主要的表现是两个低——低水平的重复，低价格的恶性竞争。现在的产品大同小异，既没有技术含量，其开发又不针对市场，可以细分的市场没有细分，只有雷同的产品。没有订单就生产，然后千方百计把这个产品推出去了事。当今企业面临的挑战是开拓新的市场，而不是一味适应或者满足现有市场。企业和品牌通过故事与客户进行交流，就可以用故事来表现产品的特色，传递非理性的情感和价值观。这样就能够发现更多潜在的用户需求，特别是心理需求和个性需求。

索尼公司的"创造市场"设计策略

"创造市场"是索尼（SONY）公司设计策略的核心。该公司认为市场是瞬息万变的，根据原有市场需求设计的产品在真正投放市场的时候，往往会因为市场因素的改变而出现错位或过时情况。索尼公司的"创造市场"设计策略，主张开拓未被触及的新市场，从而避免"满足市场需要"生产策略所导致的被动局面。

索尼公司"随身听"的创意来源并不是公司内部的专业技术人员和研究人员，而是一位普通的消费者。这位普通消费者希望运动与音乐欣赏两不误，这就向索尼产品提出了要求——能够方便地移动与携带。于是，这位消费者促成了一款新产品的诞生。索尼公司相信企业开发新产品的创意来源是多样的。

第二章

图2-13　索尼旗下众多产品线的品牌标志

索尼还在产品设计中融入亚洲文化，如其1989年推出的"茶道"概念便携式光盘播放器、专业磁带随身听等都精致小巧，充分表达了索尼将极强的外观设计能力与产品功能研发相融合的愿望。

索尼公司2020年宣布将向创意社群组织提供资金支持，向会员提供索尼相机免费维护服务，以支持受到新冠疫情巨大冲击的摄影行业从业者，包括电影摄影师、摄像机操作员、摄影助理、数码影像技术人员以及摄影师等。

新冠疫情的全球暴发对摄影行业几乎所有领域的内容创作者都产生了影响，体育赛事、音乐活动、影视剧拍摄、婚礼及其他活动的暂停严重影响了专业摄影师的商业活动。索尼支持这些内容创作者继续他们的活动，并为此设立专项援助基金。

"索尼一直与创意社群紧密合作，帮助他们进行高质量的内容创作，"索尼公司时任副总裁河野弘表示，"这个社群的成功对我们来说至关重要，这就是为什么我们决定在他们有需要的时候采取措施，提供支持。尽管当下我们正面临挑战，但我们仍希望在未来，内容创作者，特别是年轻一代，能够继续为追求创意而奋进和努力，做出真正有价值的精品内容，创造属于他们的故事。能为内容创作产业提供资金和支持，我们感到十分自豪。"

在疫情冲击下，很多品牌开始采用低价策略，而索尼公司通过扶持内容创作者，不断传播具有正能量的品牌故事，宣告企业有能力克服困难，并不断提高产品品质，以此树立了非常良好的企业形象。

第二章

图2-14 "茶道"概念便携式光盘播放器

48

讲故事对塑造品牌的意义

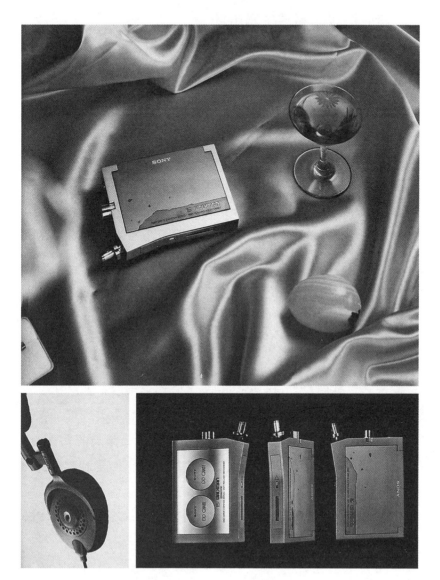

图2-15 专业磁带随身听

第二章

特仑苏领跑高端牛奶市场

中国品牌特仑苏同样有一个不同寻常的有关创新市场的故事。曾经有人这样说过:"中国乳业的发展历程可分为两个阶段,一为'黑铁时代',一为'黄金时代'。"两个时代的分水岭就是特仑苏,它的出现正式开启了高端液奶的黄金时代。从2005年面世至今,特仑苏就一直领跑高端牛奶细分市场,并成为销售额率先突破百亿的牛奶品牌。2006年10月,在第27届世界乳业大会上,特仑苏力压澳大利亚和英国的两大世界知名乳品企业,夺得"世界乳品创新奖"。如今,在蒙语里意为"特等"、"金牌"的特仑苏已经走出国门,成为中国乳业的骄傲。

特仑苏的品牌故事围绕着高标准牛奶出产地展开,广告语"自然之水、天养牧场、天地精华,成就3.3克优质乳蛋白……不是所有的牛奶都叫特仑苏"和其他品牌拉开了差距,特仑苏突破性地开创了中国高端牛奶市场。品牌广告通过各种优质生活故事和优美的广告语——"世界上最闲逸的雕刻室,在希腊的爱琴海,我在那里雕刻时光;世界上最恬静的图书馆,在阿尔卑斯的莱芒湖,我在那里阅读心绪;世界上最旖旎的舞台,在圣多里尼的海蓝屋顶,我在那里演绎回忆;世界上最悠长的跑道,在夏威夷的梦幻海岸,我在那里驰骋灵感……不是所有的牛奶都叫特仑苏",激励每个人对未来抱持乐观的态度,不断追求新高度,成就更好人生。

2009年2月,国家质检总局责令禁止蒙牛公司向特仑苏牛奶添加OMP物质,即所谓的"造骨牛奶蛋白"。特仑苏及时应

图2-16 特仑苏精心编写了一些小故事放在产品包装箱内，激发人们对品牌的美好联想

对品牌危机，调整广告策略，从原来的科技诉求转向情感诉求，将故事主题调整为"金牌牛奶，特仑苏人生"，由此把"喝牛奶"这种日常产品的消费转化为对品质生活的追求。为了强化这一诉求，特仑苏精心编写了一些小故事放在产品包装箱内。这些小故事以散文的形式描述浪漫、温馨的生活场景，激发人们对特仑苏产品的美好联想，充分利用与消费者的直接接触来传递品牌内涵和价值。

第二章

本章小结和学习重点

（1）讲故事能建立一种群体感。

（2）符号的故事是品牌识别的起源。

（3）品牌故事在战争中传播。

（4）讲故事能引发情感共鸣，激发消费者对商品的购买动机。

（5）怀旧故事带动怀旧营销。

（6）故事能创造市场，挖掘潜在消费群体。

无数经典品牌都印证了打造品牌需要长时间的沉淀，当代消费者除了要求企业提供好的产品或服务，还希望了解企业的文化和经营理念。树立品牌难，维护品牌更难，需要企业几十年如一日地持续努力。本章从品牌发展历史的角度剖析品牌叙事的由来、战争时期品牌叙事对传播品牌的意义、品牌叙事在帮助用户建立品牌记忆方面的作用、新奇有趣的故事在开拓甚至创造市场方面的价值。

课后思考题

1. 列举5个来源于古代符号的现代品牌标志图形设计，并解释这些符号的含义和其中隐藏的故事。

2. 列举你认为在战争中成长起来的国际品牌，并分享它们经典的品牌故事。

3. 举例分析为何怀旧故事能帮助用户建立品牌记忆。

4. 举例分析国内外品牌如何通过品牌叙事来创造新的市场。

第三章
品牌故事的构成要素

第一节 主题——积极清晰地传达品牌形象

从小时候起，就有人给我们讲故事。现在，即使已是成年人了，我们每天仍然能听到许多故事：与家人共进早餐时，与同事共进午餐时，与朋友一起喝咖啡时，都会听到许多故事，而各种媒体，如电视、广播、手机应用，则充斥各种主题的广告和商业宣传。

讲故事是一种品牌宣传工具，对于大多数公司来说，就是用故事来积极传达有关公司品牌的信息。企业需制订一个明确定义的主题信息。没有主题，就没有理由讲故事，至少也是没有战略目的。主题是对事件的归纳、概括和抽象，它是影响故事发展的中心概念或主要洞见。它主宰着叙事，是神话、故事、戏剧和小说等故事形式的灵魂。

品牌叙事的第一步工作就是设定故事的主题。故事主题是对故事内容的核心提炼。不管企业选择的故事蓝本是历史悠久的老故事还是新鲜出炉的新故事,基本的前提都是这个故事所表达的意义一定要与品牌的核心价值相符。从某种程度上讲,品牌故事主题就是品牌核心价值观的体现。品牌的核心价值观是指让消费者清晰地识别并记住的品牌个性和利益点,是一个品牌区别于其他品牌的最为显著的特征。一个品牌只有拥有清晰的价值观,才能对内为企业塑造强势品牌的各环节提供明确的规范,对外向消费者展示充满个性特征的文化理念,从而进一步提升品牌的认知度和消费者的忠诚度,积累品牌资产。

因此,品牌叙事的首要工作就是借由品牌故事主题来让消费者知晓和接受品牌的核心价值观。虽然品牌在不同时期、不同地点所讲的故事会有差异,但各版本故事的主题应该保持稳定和统一,因为那是品牌对消费者一贯的承诺,即品牌所倡导的核心价值观。每个故事都要坚持同一个主题,如果企业需要传达更多信息,则要将其排序,有所侧重。一个有太多中心信息和主题的故事会显得凌乱,让故事受众很难明白企业的真正意图。

表3-1反映了品牌故事的主题应该保持稳定和统一,以传达品牌核心价值观。

表3-1 品牌系列故事及其核心价值观

品牌名称	品牌核心价值	品牌故事
可口可乐	快乐与活力	• 品牌起源系列故事 • 品牌名称系列故事 • 品牌发展历程故事 • "畅爽开杯"(open happiness)系列故事

续 表

品牌名称	品牌核心价值	品 牌 故 事
		• "带我回家"主题故事 • 体育明星系列故事 • "要爽由自己"系列故事 • 虚拟或卡通形象系列故事
星巴克 (Starbucks)	像品咖啡一样去生活	• 品牌起源系列故事 • 品牌名称系列故事（如大副的故事） • 品牌标志系列故事（如美人鱼和女妖的故事） • 品牌创始人舒尔茨相关故事 • 品牌体验活动相关故事 • 员工服务质量相关故事 • 企业社会责任相关故事
梅赛德斯-奔驰 (Mercedes-Benz)	引领的雄心	• 品牌起源系列故事 • 品牌名称系列故事 • 品牌发展历程故事 • "儿童篇"、"梦幻篇"、"测试篇"、"网球篇"、"温馨篇"、"碰撞篇"、"惊吓篇"、"死神篇"等系列故事 • B级系列故事 • 中国区域明星代言系列故事
海尔	真诚与责任	• 产品质量相关品牌故事 • 企业成长历程相关品牌故事 • 国际化进程相关品牌故事 • 张瑞敏相关系列故事 • 产品设计与改良系列故事

第三章

续 表

品牌名称	品牌核心价值	品牌故事
		• "真诚到永远"系列广告故事 • 海尔服务相关故事 • 消费者相关故事
李宁	超越自我，征服世界	• 创始人李宁运动生涯相关故事 • 创始人李宁创造商界奇迹相关故事 • 品牌标志相关故事 • 品牌发展历程相关故事 • "一切皆有可能"系列故事 • "让改变发生"（Make the change）系列故事

用讲故事的行话来说，故事的中心思想就是故事的寓意，基本就是企业的是非观。比如对沃尔沃汽车来说，最重要的不是快速到达目的地，而是安全第一。沃尔沃的购买者首先要相信这个关于安全的故事：沃尔沃的员工在努力开发更坚固、更安全的汽车，即使是最艰难的碰撞测试，他们也尽力完成。阿尔法·罗密欧（Alfa Romeo）这一意大利著名轿车和跑车制造商的故事与沃尔沃完全不同。阿尔法·罗密欧的故事信息本质是驾驶的乐趣，一种既享受旅程又能尽快到达目的地的激情。在阿尔法·罗密欧的世界里，驾车是生活中最大的休闲追求之一。

从本质来看，故事的主题信息需要反映企业的事业，或者是企业试图推广的品牌体验。著名丹麦航运公司马士基

（MAERSK）集团的核心信息一直是纪律、准时和周全的服务。其顾客可以放心，因为他们知道一切都会井然有序。公司的创始人用两个词来表达企业故事的主要信息——"准时"和"尽善尽美"，这两个词至今仍牢牢扎根于该公司的核心故事之中。

当然，提炼公司的故事主题并不容易，方法是寻找几个核心故事，对其进行调研和筛选。下面是一些国际品牌的例子：

苹果（Apple）：创新的多元化。

柯达（Kodak）：捕捉和保存生命中的特殊时刻。

维珍（Virgin）：追随梦想，挑战传统。

乐高（LEGO）：通过创造性的游戏来激发孩子们的学习兴趣。

贝纳通（Bennetton）：全球性的社会冲突与和谐。

阿迪达斯（adidas）：我们的运动激情让世界更和平。

佳丽宝（Kanebo）：赋予女性灵感，让她们发现自身独特的美。

耐克与妥协、失败作斗争

故事的主题不应该是一句广告语。广告语一般是一种简短而吸引人的表述，它的作用只是帮助人们记住广告。例如，耐克（Nike）的"just do it"是一条经典广告语，既简单清楚又朗朗上口，而且不同人从不同角度会体会到不同的意思。从消费者的角度看，它的意思是"我就用这个"；从商人的角度看，它的意思则是"来试试吧"。这句话在日常生活中的含义就更加丰富了，可以理解为想做就做、要坚持不懈等。耐克运用各种广

第三章

图3-1 耐克上海旗舰店内的品牌标志墙

图3-2 耐克的阿姆斯特丹工作室

告故事诠释了这句广告语的含义：每一场比赛都要争取胜利，只要下定决心并为之努力，你也可以成为赢家。

耐克总是与妥协、失败作斗争，激励人们为成为最好而坚持努力。在1996年奥运会期间，整个亚特兰大都被一块大型耐克广告牌吸引，上面的文字与奥运会"重在参与"的理念形成了鲜明的对比："你不是赢得银牌，而是失去金牌。"

美体小铺保护动物及其栖息地

安妮塔·罗迪克（Anita Roddick）于1976年在英国创立的美体小铺（Body Shop），后来成为高质量面部肌肤及身体护理产品零售商。在经营这个品牌的同时，罗迪克也创造了一则强有力的故事信息：反对动物实验。她反对以残酷方式用动物测试化妆品，只采购以其他方法测试的化妆品。

美体小铺一直以来坚持"保护动物"的品牌宣传主题，于全球各地建设"生物桥梁"，协助保护动物及其栖息地，重建受破坏的野生动物走廊。美体小铺并未把企业故事的重点放在产品或品牌上，但正是这些与众不同的宣传活动深深影响了一大批顾客，使他们感受到美体小铺的真诚与爱心，进而与美体小铺建立感情联系。

第二节 冲突——一个好故事的原动力

冲突是一个好故事的推动力，没有冲突，便没有故事。为什么会这样呢？答案就在人的本性之中。作为人类，我们在生活中本能地寻找平衡与和谐，我们不喜欢我们周围的环境和自己格格不入。因此，一旦和谐被破坏，我们就会竭尽所能去修复它。我们避免不愉快的情境、压力或者焦虑的感觉。例如，我们在工作中遇到未能解决的困难，它就会困扰我们，直到我们找到解决方法，回到原来平静的工作状态。

在经典童话故事中，冲突总会解决，男女主人公总会幸福地生活在一起。相比之下，当下的故事较少有明确的结局，常常是部分冲突得到解决，或是暗示一个对未来有影响的新冲突即将出现，引起观众进一步思考。这尤其是惊险片与恐怖片的惯常风格，可以让观众一直留在座位上直到电影结束。通过开放式的结尾，形成强大而具有挑衅性的故事构架，让观众思考下一步可能发生的事情。

正是冲突创造了好的故事，对冲突的定义越清晰，故事就越有活力。冲突是企业实现目标需要克服的障碍。通过冲突，企业可以表达自己的核心价值和对于市场竞争的态度。冲突的形式有很多种：善与恶，趣味与无聊，甜酸苦辣，等等。就商业而言，冲突不一定是消极的，它往往是创造独特品牌的催化剂。通常，企业解释自己不代表什么比解释自己代表什么更容易。我们之前提到过企业的怀旧营销，乍一看，似乎引发顾客的怀旧情绪之中没有多少冲突，但是生活在现代社会的人们在过往的美好时光中寻求安慰，并认为那时的生活值得怀念，与现在紧张的生活形成鲜明的对比，正说明现代社会的快速发展带来了很多不确定性，让人因无法预测未来而感到不安。

要在故事中制造冲突就要定义一组对立。定义与你的品牌完全相反的东西，不管是什么，都有助于明确公司的核心故事。让我们来看一些品牌的例子：

苹果：创意多元化——没有特色的一致

耐克：获胜的决心——屈居第二

乐高：在创意游戏中激发学习热情——被动地娱乐

维珍：挑战传统——一切照旧

宜家（IKEA）：让每个人都能获得高质量的设计——为少数精英而设计

冲突越大，故事也就越有戏剧性。然而，故事的冲突不应该过度，以免让人感到困惑。混乱的故事是很难让观众着迷的，完全的混乱和完全的和谐一样乏味。为了判断冲突是否有效，

第三章

我们可以尝试利用"冲突晴雨表"来"测量"故事。

冲突晴雨表

测试的目的是将故事中的冲突调整到正确的水平。我们在处理冲突时，实际上是在处理整个故事的中心转折点。以下是创建良好冲突的指导原则。

- 明确地、切中要害地设想冲突，并思考这到底是不是冲突。
- 考虑如何解决冲突。好的冲突是由没有直接解决方法的问题或挑战引发的。如果冲突有过于明显的解决方法，很快就会变成一个可预测的故事，就会变得很无聊。
- 除了中心冲突，还有很多小冲突吗？太多的次冲突容易把人们的注意力从主要冲突转移开，使故事讲述的目的不清晰。
- 故事正反面的对抗力量及其相对优势如何匹配？若正面角色太强大，或者反面势力太强大，故事很快就会变得乏味或混乱。
- 你在识别故事中的冲突方面有问题吗？看看故事对想传达的中心思想有没有明确的定义，如果故事的中心信息比较弱，就很难设定故事的冲突。

多米诺比萨店的行动

故事通常被一个扰乱和谐感的变化所启动。有这样一个故事：

有天下午，美国某小镇的多米诺比萨店遇到了麻烦。订单以惊人的速度源源不断地送来，厨房忙得不可开交，身穿蓝色制服的送货员们正加班加点地把比萨送到饥饿的顾客手中。就在这时，他们发现做比萨的面团就要用完了，需要尽快采取行动。餐厅经理抓起电话，向总部负责美国区域分销的副总裁汇报情况。副总裁的脊背上袭来一阵寒意，他知道，如果一家分店不能如约交货，公众会很失望，这甚至会影响品牌的整体形象。因此他立即采取行动：立刻派出一架满载着特制多米诺面团的私人飞机。不幸的是，他们所有的努力都白费了，这架私人飞机没有能够及时把面团送到店里。这家店当晚让许多饥饿的顾客失望。接下来的一个月，员工们都佩戴着表示歉意的黑色丝带上班。

这个故事中的冲突是员工发现做比萨的面团就要用完了，担心顾客因此失望，这家店的高标准服务要求就隐藏在故事背后。和谐的局面遇到了威胁，员工的担心构成了故事的基本冲突和挑战。冲突迫使人们采取行动，听故事的人想知道如何及时找到面团。这样就构成了一个有趣的故事。通过解决矛盾，这个故事真正想表达的是这家比萨店对服务质量要求极高，而且非常尊重所有顾客。一个好故事总是从出现变化发展到产生冲突，然后再恢复和谐。

讲故事的人通过冲突和冲突解决来传达信息。当丑小鸭变成美丽的白天鹅并最终融入天鹅群时，冲突得到解决。在经典童话故事中，冲突常常表现为正义与邪恶的斗争、英雄与恶徒的斗争。正义与邪恶的斗争故事传达了作者的观点，同时也向观众揭示故事的价值与启示。在故事的叙述中，冲突并不是一味消极的，叙述者可以借此表达自己的是非观。

第三节　角色——引人注目的人物设定

故事的另一个重要组成部分是人物。冲突标志着故事的转折点，但要使这场冲突继续下去，就需要一组引人注目的人物。

经典童话有固定的结构，每个角色在故事中都有特殊的设定，他们相互补充，形成丰富的故事结构。这种经典的结构在民间故事和影视作品中都能看到。古典童话的结构突出个人性格，以及人物在相互关系中的作用。

一个故事通常以其主人公或者一个追求某种目标的英雄为中心展开。例如，《罗宾汉》（Robin Hood）是一部由雷德利·斯科特（Ridley Scott）执导的史诗电影。影片聚焦于罗宾汉成为传奇前的生活经历，讲述了他如何从法外之徒变为国家英雄，又如何从国家英雄变为侠盗。五岁的罗宾汉目睹父亲被杀害，他亦自此被迫离乡背井，颠沛流离。罗宾汉在理查一世的军队中当步兵，参加了十字军东征。回国途中，理查一世遇刺身亡。英国内忧外患不断，国库空虚，刚继位的国王约翰腐败无能，令百姓的苦况雪上加霜。罗宾汉来到诺丁汉，眼前只有饥荒与暴政，百姓生活苦不堪言，他只得与一班志同道合的好友联手起义，最终获得胜利。

在这个故事中，英雄是为正义和自由而战的罗宾汉，另有多个角色是他的左膀右臂。罗宾汉有一些特殊的技能，比如敏锐机智，擅长弓箭射术，这些都是他获胜的条件。然而英雄实现目标的道路是坎坷的，总会有对手试图与英雄对抗，从而建立起故事的冲突。在《罗宾汉》里，罗宾汉的对手是约翰和诺丁汉的郡长，必须击败他们，正义才能赢，因为他们是英国统治阶级残暴和腐败的化身。罗宾汉在英国建立了和平与正义，而获利的则是那些在统治阶级的枷锁下受苦受难的被压迫者。

一般来说，一场成功的冲突需要有英雄及其对手，他们的目的是对立的。对手可以是各种形式的，甚至可以是静态的障碍，比如一座必须攀登的山，但从更深层面来看，真正的对手是对攀登那座山的恐惧。

就企业而言，其对手可能是对公司产品缺乏信心，或者员工对自己的能力表示怀疑。为了能够亲自参与这个故事，作为读者或听众，我们必须能识别或认同人物，尤其是能够在故事中的人物身上发现和自己的相似之处。故事的目标受众很重要，他们应该能够体会英雄遇到的困难或者冲突。基于我们希望在生活中保持和谐，我们通常会同情一个面临冲突的人物，我们会对他的悲伤、绝望、快乐、恐惧或者希望感同身受。然而，我们必须了解人物行为背后的动机，了解他们为何而战。一个

第三章

故事的进展必须看起来是可信的。

现在是时候来看看角色塑造了。一些经典角色能够推动剧情发展,角色之间的互动使得故事结构丰满。下面就是塑造角色时需要考虑的内容:

目标:公司的经营目标是什么?仅仅填满股东的金库是不够的。激情是企业的动力,公司必须努力有所作为。

对手:公司有怎样的对手?对手可以有多种形式,既可以来自内部(如缺乏创新),也可以来自外部(如竞争对手)。

英雄:英雄的特点有哪些?公司作为英雄为何而战?和竞争对手在哪些方面进行较量?优势有哪些?顾客也可以成为英雄,比如持有环保主义消费观的顾客。

支持者:英雄达到目的需要一定的手段和工具。如果企业是英雄,那么支持者即企业用来打败竞争对手的手段。如果顾客是英雄,那么支持者即帮助客户实现梦想的产品或服务。

赞助者:公司经常扮演赞助者的角色,提供公益类产品或服务,帮助客户实现他们的梦想。

受益者:受益者是从公司实现目标中受益的人,通常是客户。

每一个角色都必须尽可能地清晰明了,以形成充满魅力的故事。下面对苹果公司的核心故事进行分析,来解释如何清晰地定义每一个角色。

赞助者:苹果公司

目标:激发用户的创造性

受益者:跳出框框思考的计算机用户

支持者：独特的设计和方便用户使用的软件

英雄：史蒂夫·乔布斯和苹果公司具有创造性思维的员工

对手：其他计算机公司（包括IBM和微软）

一旦公司故事的角色明确了，就要尽可能使每一个角色都有清晰的定义。为了让英雄的角色更加突出，可以着意刻画英雄的各种性格。我们平时观看电影会发现，英雄人物大多有很显眼的个人技能和性格特征，有自己价值观，而且都比较执着。有些人追求自由、反叛或冒险，有些人追求爱情、关心和认可。经典的英雄人物拥有深深植根于人性的最基本的需求和欲望。表3-2是一些国际知名品牌的英雄角色设定分析。

表3-2　国际知名品牌英雄角色设定

英雄人物	特点	目标	对手
勇敢的英雄 耐克	勇敢，自信	为更美好的世界而战，相信自己能成为赢家	恐惧，软弱，缺乏自信
爱人 阿尔法·罗密欧	热血，性感	跟随你的心去满足你的情感需求	理性，缺乏激情
冒险家 维珍	好奇心，胆识	探索世界，踏上新的征程	狭隘的思维，日常生活的约束
创造者 乐高	想象力，创造力	创造和发展新的表达方式	重复，被动

第三章

续表

英雄人物	特点	目标	对手
爱说笑的人 M&M's	幽默，快乐	娱乐人们，享受生活	无聊和无趣的日常
纯真的人 迪士尼（Disney）	诚实，天真，心胸宽广	坚持真理和正义	隐瞒过错
魔术师 3M	充满创意和惊喜	使梦想成真，没有什么是不可能的	停滞，缺乏控制
叛逆者 哈雷-戴维森 （Harley-Davidson）	叛逆，不妥协	违反规则	坚持制度和规范
统治者 梅赛德斯-奔驰	领导能力，有权威	获得控制、安全和秩序	反叛，混乱
看护人 沃尔沃	关心，奉献	支持和帮助他人	自私

对于企业来说，挑战在于将自己设定为哪种英雄人物。例如，设定的英雄既可以是叛逆者，也可以是冒险家，理查德·布莱森（Richard Charles Nicholas Branson）和他的维珍公司就是出了名的冒险家与叛逆者的混合体。重要的是缩小范围，坚持使用在公司内部得到一致认同的英雄形象。此外，从客户的角度考虑英雄的设定也会有帮助：你的客户能认同你设定的英雄的个性吗？公司设定的英雄角色和顾客的想象有差距吗？

两者追寻同样的东西吗？顾客对英雄的态度是拥护还是批判？

宜家广告故事"家具怪兽"的角色转换

2018年，在温哥华举行的零废物大会（Zero Waste Conference）上，加拿大宜家的可持续发展项目负责人布兰登·希尔（Brendan Seale）宣布，宜家计划推出一项新的家具销售计划。在这个名为"回购"（Sell-Back）的计划里，加拿大的宜家顾客可以将他们的二手宜家家具卖给宜家以获得积分，用来抵扣他们新购买家具的花销。

为了进一步宣传推广品牌的环保理念的和措施，加拿大宜家和创意机构（Rethink）发布了一支主题为"家具怪兽"的广告片，主要故事情节如下：一个由宜家二手家具组成的巨大怪兽突然出现在一个宁静的小镇上。然而它没有引起小镇居民的恐慌，而是把自己身体的一部分送给那些有需要的人。怪兽一步步地解体，逐渐变得越来越轻巧快乐。大家也很开心地用着怪兽提供的沙发、躺椅等家具。故事的最后，怪兽只剩下了一个头，这意味着它已经将家具全部处理完毕。

分析这个广告的角色可以发现，英雄是接受怪兽送来的旧家具并加以使用的小镇居民，对手是巨大的家具怪兽。宜家是赞助者，提供公益回收服务，帮助客户再次利用家具。

这个广告故事角色设定的巧妙之处，是让反面角色——由废弃家具组成的巨大怪兽——逐渐转化为正面角色。这一方面暗示了"如果我们只是不停地购买新的家具而不好好处理废弃家具，这些家具就会像怪兽一样严重破坏我们的环境"，这也是

第三章

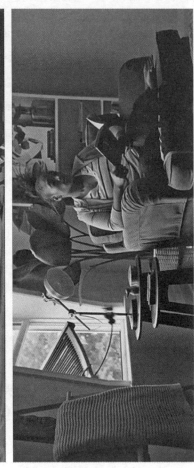

图3-3 宜家以"家具怪兽"为主题的广告故事

这则广告故事的主题,另一方面又用很轻松、幽默的方式表达了"回收和再利用家具是一件非常容易和令人快乐的事"。广告语出现在最后:"旧物可以再次成为新物。"

第四节 情节——详细而经典的事件流程

一旦故事的主题、冲突和角色都设定好了,接下来就可以考虑故事的进展了。故事的情节决定了观众的体验,而一个故事在给定时间跨度内只能表现一件事,事件的发展顺序需要仔细考虑,必须有精细的结构来推动故事向前发展并维持观众的兴趣。

一般来说,故事结构往往是由导入情境、遇到困难、解决难题这三个部分组成的,所以故事应围绕问题或困难的出现和解决来展开,其间要凸显紧张的冲突。故事的进程中会产生冲突,冲突可能会升级,但最终会得到解决,这标志着故事进入尾声。这是一般故事的基本结构。

从时序上看,一个完整的故事最好能依时间顺序或因果关系进行编排,并分为开头、经过和结尾三部分。故事中角色的生活一开始是平衡的,然后再遭遇不平衡,经过一番努力之后再重新获得平衡。当然,有些故事可能有更为复杂的结构,有不同大小的冲突,需依据不同的线索去解决冲突,有很多悬念,结尾部分又耐人寻味,甚至设定开放式的结尾,需要观众自己去想象可能会发生什么事。

好的线索和情节会吸引我们的注意力,让我们尝试去设想即将发生的事情,确定故事的主题和基调。一旦冲突升级到无以复加的地步,英雄通常必须作出决定性的选择,这将影响到结果。正是冲突升级后英雄对抗恶魔的情节,推动着故事向前发展,最后到达高潮,例如英雄与恶魔对峙或者进行殊死搏斗。在大多数好莱坞电影中,故事都会以积极的方式结束并重建和谐。当然,并非所有故事都是这样结束的。

设定情节时通常可以先考虑以下问题:故事是怎么开始的?冲突是如何产生的?这个故事的重点是什么?故事中的角色是如何出现的?故事是如何慢慢淡出的?故事的结尾想表达什么?故事的寓意是如何呈现的?

图3-4概述了冲突、角色和情节之间的关系。Y轴代表矛盾,X轴代表时间,曲线显示人物通常在什么时刻出现,以及他们是如何影响故事的。

由于一个公司的故事是用于沟通的战略平台,它必须以可以在许多不同的背景下得到解读的方式呈现,因此很难确定情节。尽管如此,还是可以试着把公司核心故事的四个部分加以完善,看看它们是否符合讲故事的原则。这是一种很好的内部练习。

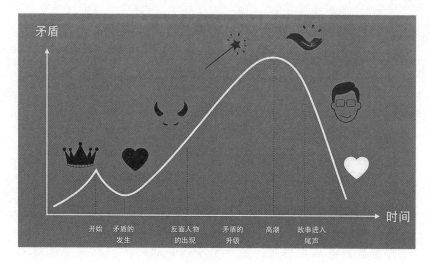

图3-4 情节曲线和冲突发展

丹麦连锁超市超佳

丹麦连锁超市超佳（Superbest）的管理团队，在2002年度大会上使用讲故事的方式，向170家连锁店展示他们的战略。

超佳由170家独立的杂货店组成，杂货店主拥有自己商店的经营权，利用"超佳"品牌的优势，通过连锁合作，在采购中形成规模效应，并有机会以统一的品牌名称进行全国范围的营销。超佳面临的持续挑战是如何统一这170家个体杂货店，形成统一的经营原则，并使品牌价值可视化。它们的共同点在哪里？与其他拥有现代消费者所需一切的大型连锁超市相比，它们有什么特别之处？大型连锁超市巨头是以标准化为基础的，而超佳提倡人员推销，面对面地和顾客接触。杂货店主对商店的外观和销售的商品感到满意和自豪。他们每天都与顾客聊天，并根据当地的需求来调整商店。正是借助这种个体经验，超佳才打败了大型超市。超佳认为，好的交易和高质量的产品是经营现代超市的先决条件。

在2002年的年度战略会议上，为了向这170家杂货店传达这一信息，超佳的管理团队决定讲述一个故事，从而创造一个共享的形象并使杂货店树立基本的价值观：

很久以前，有一家杂货商当地人都熟悉，它总是在那里。店主有一副善于倾听的耳朵，能给顾客及时的建议。他不需要显微镜就能分辨产品质量的好坏，他竭尽所能创建一家让顾客满意的商店。这家杂货店是当地人聚集的地方，是村庄的中心。

有一天，一切都变了，一家大型超市搬进村里，就像一片阴影笼罩着这家小杂货店。规模经济、效率经济和统一经济使所有大型超市看起来都一个样：就像一个巨大的灰色水泥盒子。顾客只不过是收银机扫过的一个个条形码。

那家杂货店的店主并没有气馁，他决心维护温暖的、个性化的、高质量的购物体验，并构建统一战线来对抗大型超市。为了尊重顾客的多样性，他自豪地提出宣传口号："自由、平等和良好的食品供应！"自由：他是自由的杂货店老板，有自己的店铺。平等：他对提供优质的客户服务和良好的交易有着明确的信念。良好的食品供应：保证产品质量是杂货店老板的美德，满意的顾客才会常来。

这个故事在这170家杂货店中广为流传，鼓舞了很多小杂货的店老板。超佳的管理层通过这个核心故事，反映了个人杂货

第三章

店的特色：他们把当地顾客的需求放在首位。正是这些老式杂货店的价值观和服务理念把许多个人杂货店联系在一起，成就了颇具规模的品牌加盟。

本章小结和学习重点

（1）每个故事都要坚持一个主题。没有主题，就没有理由讲故事。

（2）冲突是一个好故事的推动力。冲突是企业实现目标需要克服的障碍。

（3）企业在创建品牌故事时需要设定一系列角色，如英雄、对手、支持者、受益者等。

（4）好的情节能够吸引客户注意力，设定情节需要考虑多个因素。

我们谈到品牌和故事时，总是会问：如何构建一个好故事？它通常具备哪些条件？其实并没有固定的公式，但针对特定的受众和特定的情况，仍有一些基本指导原则可以遵循。本章概述了一个好故事的基本要素：主题、冲突、角色、情节。

课后思考题

1. 列举两个竞争品牌的广告故事，并分析这些品牌故事所表现的不同主题。

2. 选择一个品牌，分析其在市场环境中面临的冲突，判断该品牌目前的广告宣传中是否存在冲突，并就该品牌如何设计故事的冲突提出建议。

3. 举例说明品牌故事中不同的角色设定，如英雄、对手、支持者、受益者等。分析其角色设定是否合理、是否有吸引力。

4. 品牌故事设计情节时需要考虑哪些因素？选择一个品牌故事，画一张分析图来展示冲突、角色和故事情节之间的关系。

第四章
讲故事成为企业管理策略

第一节　核心故事与品牌理念

很多企业设计的品牌理念非常相似,比如要成为行业第一,或者是要成为最受欢迎的品牌。然而这样的理念过于空泛,企业需要重新思考,厘清企业故事的逻辑,发掘故事承载的意义,从而更好地阐释经营宗旨。

将讲故事视为一种战略工具,就会触发品牌背后思维的演变。当品牌概念与讲故事的逻辑相融合时,我们对品牌的认知就从将其视为一组价值观,转变为将其视为一个活的核心故事。企业价值观的表述往往只是一句话,尽管经常在官网或者形象宣传册上出现,并被列为要点,但是有时很难理解。如果企业把价值观融入一个故事,就可以使其以一种强有力的形象出现在生活中,让别人不仅能够理解这个价值观,还能联想到自己的日常生活和工作。因此,企业故事应该要能传达情感和价值观。强大的品牌是企业内部、外部的沟通整合工具,它建立在

第四章

与员工和消费者的情感联系之上,而且能把大家团结起来。

很多强大的品牌都拥有自己的故事主题,比如:哈雷-戴维森的故事主题是"自由",耐克的故事主题则是"必胜"的意志。讲故事成为创造完整品牌的有效工具,使品牌时刻与大众同在,并触及大部分人的情感。

与公司企业品牌紧密相联的企业故事就是核心故事,它传递了基本的故事主题,可被视为将公司所有品牌传播行为联系在一起的"中枢神经系统"。例如,耐克的核心故事是关于"必胜"的,这意味着耐克的所有宣传都建立在这个主题之上。

乐高的品牌故事主题是"通过创造性游戏而学习",这意味着该品牌的宗旨是鼓励儿童的创造性发展。故事中的英雄是乐高公司的员工,其目标是借由乐高积木独特的组合形式激发创造力和想象力,对手则是各种被动的娱乐形式,比如电视。

核心故事能描绘企业的整个品牌理念,应该用它来指导公司内部和外部的沟通,讲好核心故事由此成为企业管理的战略工具。核心故事把品牌价值转化为单一的、统一的、有意义的信息。下文将详细介绍如何为企业品牌开发一个强大的核心故事。

开发一个强大的核心故事

掌握了讲故事的四个基本元素,就可以尝试开发公司的核心故事——这是公司的品牌战略沟通平台,它必须展示公司的独特性:公司为什么会存在?公司的目标是什么?如果没有这家公司,世界会变成怎样?简言之,就是找出公司存在的价值。

为企业开发属于自己的故事,就相当于种下一颗种子,它会成长为强大的基本框架——公司品牌的枝干。开发核心故事通常包含四个步骤。

第一步,讣告测试

虽然听上去很奇怪,但这能帮助企业概括故事最重要的元素。

如果企业突然不在了,顾客和客户最想念它的哪一点呢?该企业的缺席对客户意味什么呢?想清楚这一点,企业就能更轻松地找到故事最重要的部分——最关键、最有吸引力的元素。可以尝试思考以下问题:

这家企业最为人们称道的地方是什么?

人们会怀念这家企业的经营方式吗?

哪些客户最想念这家企业?为什么呢?

这家企业的品牌与竞争品牌有哪些不同之处?

这家企业对利益相关者产生了哪些真正的影响?

> 可口可乐的讣告测试

可口可乐公司在改变原有配方时,进行了类似的讣告测试。

20世纪80年代初,可口可乐险些败给百事可乐。事实上,可口可乐在美国的市场份额几十年来一直在萎缩,从第二次世界大战结束后的60%,下降到1983年时的不到24%。更糟糕的是,盲尝测试显示,超过一半的人更喜欢百事可乐的味道。可口可乐的解决方案是推出一种新的秘密配方,比原来的可乐口

第四章

感更顺滑,味道也更甜,更像百事可乐。可口可乐公司花了400万美元进行市场调研,并对20万用户进行了盲尝测试,发现人们对可口可乐新品的喜爱远远超过了百事可乐和原来的可口可乐。

1985年4月23日,可口可乐推出新配方产品,并停止了原配方产品的生产。这是它99年来第一次改变配方,然而消费者的反应与公司高管所期望的不同:人们简直是惊慌失措,争相购买并囤积原配方的可口可乐,还打电话给可口可乐公司质问此事。1985年7月11日,"老"可口可乐重新上架。这个故事也登上了多家报纸的头版。

回顾这一事件,人们不禁要问:可口可乐到底在想什么?他们犯了一个错误——只关注产品,却完全忽略了消费者与品牌之间的情感联系。他们忘记了一个世纪以来,可口可乐一直是美国生活不可或缺的一部分,是美国身份的一部分,很大程度上已经是国家的标志了。

没有多少品牌能让人们像怀念可口可乐一样怀念它们……想想看:你们公司的产品今天突然不见了,会有消费者奋起抗议吗?

第二步,筛选内部基础信息

为了定义公司的文化,即企业的内部识别系统,首先要弄清楚内部基础信息的主要来源:公司愿景、经营方针和价值观;公司发展里程碑;员工故事。

核心故事的设计有助于企业品牌理念系统的表达和完善。

品牌理念系统主要包含公司愿景、经营方针和价值观这三个方面。公司愿景体现了企业存在的根本原因、长远的目标、对未来的期望，通常包括企业的经济使命、社会使命、文化使命。公司愿景是企业战略家对企业前景和发展方向的高度概括，是几十年的目标。

现代管理学大师彼得·德鲁克在1973年出版的著作《管理：任务、责任、实践》中提出，企业要思考三个问题：我们的企业是什么类型的企业？我们的企业未来是什么样的？我们的企业应该成为什么样？这三个问题集中体现了一个企业的愿景，也是思考企业文化的三个原点。

组织专家马克·利普顿（Mark Lipton）在《愿景的实践：打造零风险的成长蓝图》一书中指出，愿景阐述的是企业存在的最终目的，是组织长期的发展方向，也是企业自我设定的社会责任和义务。

经营方针是指企业的经营范围和宗旨，是企业组织经营活动的行动指南，可以根据市场变化和企业发展情况进行修正。弗雷德·戴维（Fred R. David）指出，企业经营方针又称纲领陈述（creed statement）、目的陈述，或企业业务定义陈述。因此，企业经营方针设定了企业在全社会经济领域经营活动中的身份，明确了企业的社会分工。

价值观指全体员工对企业内外部不同关系的一致看法，一般不会随市场的变化而改变。它是企业在经营活动中处理内外利益相关者之间矛盾的一系列准则，对内表现为企业管理者和员工的工作关系准则，对外表现为企业对社会公众、市场竞争

第四章

者和客户的看法,它对企业的生存立场有重大影响。在竞争激烈的市场环境中,企业必须回答以下核心问题:企业如何看待顾客?如何看待员工?如何定义竞争?如何展现对社会和环境的责任?如何认识合作与竞争?如何认识成本和利润?价值观体现了企业处理内外部关系的终极信念,在企业管理哲学中起主导作用。

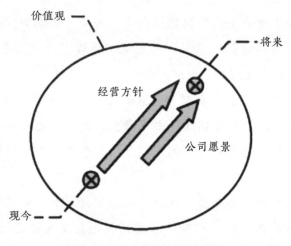

图4-1 品牌理念系统示意图

　　品牌战略和理念建设将成为中国企业在创变升级中的共同选择。

　　我们经常看到,有的企业把品牌管理等同于品牌推广和宣传。事实上,如果没有品牌理念的顶层设计,所谓的品牌推广和宣传只会对市场销售产生影响,不能有效助力品牌附加值和溢价的形成。因此,可以认为品牌理念的顶层设计是产品力与品牌力形成的关键。简单地说，品牌战略的顶层设计就是建立品牌的身份识别系统，比如精神识别、行为识别，构建品牌意义，形成品牌在长期发展中保持不变的核心要领。

> 雀巢的品牌理念系统

我们来看看国际经典品牌如何设计自己的品牌理念系统。雀巢公司（Nestlé）创立于1867年，创始人为瑞士药剂师亨利·雀巢（Henri Nestlé）。雀巢于1908年在上海开设了第一家销售办事处，是最早进入中国的外商之一。在英国权威品牌评估机构"品牌金融"（Brand Finance）发布的"2023年全球最有价值的食品品牌100强"榜单中，雀巢以224亿美元的品牌价值名列第一位。

雀巢的品牌理念经过150多年的精心打磨，目前主要包括以下内容：

品牌愿景：致力于打造可信赖的产品、体系和服务，为提升消费者的生活质量作出贡献。

品牌宗旨：优质食品，美好生活（Good Food, Good Life）。

品牌价值观：实用、求知、灵活，开放的思维，尊重他人和异国文化。

雀巢通过设定品牌理念系统，全面指导企业的创新与战略拓展：公司愿景为企业总体拓展策略设定总方向，强调产品开发的社会效益和文化使命；经营方针明确近期品牌收购和新产品开发目标，通过联合品牌策略从被收购品牌的市场影响力中获益，利用新产品测试变化莫测的市场；借助价值观，设计产

第四章

品增值服务，制订相关标准。

雀巢不断地通过以下三种方式创造品牌价值：通过创新、差异化、与消费者的互动，促进企业发展；通过提高运营效率，提升基础交易营业利润率；按明确的优先顺序分配企业的资源和资本。

> ➤ 喜力的发展里程碑

梳理公司发展里程碑是形成公司核心故事的必要步骤。下面就来看一下荷兰啤酒品牌喜力（Heineken）的发展历程。

1863年，杰拉德·阿德里安·喜力（Gerard Adriaan Heineken）买下了阿姆斯特丹一家名为"干草堆"的啤酒厂。为了生产最好的啤酒，他到处寻找最好的配料，还建立了一座私人图书馆，里面的藏书都是有关酿酒的。1886年，哈尔托赫·埃利翁（Hartog Elion）在喜力实验室中研发了"喜力A级酵母"，这对喜力后来的发展起了很关键的作用。1940年，喜力的孙子阿尔弗雷德·亨利·喜力（Alfred Henry Heineken）接替父亲掌管公司，并于1971年成为公司执行委员会主席。他富有创意地将喜力的啤酒瓶统一设计为绿色，并调整了品牌标志"Heineken"中三个"e"的倾斜角度，使之仿似三张微笑的脸。他为喜力的品牌识别作出了巨大贡献——喜力的成功在很大的程度上得益于它成功的广告宣传和精美的包装。2004年，喜力在全球发起"理性享受喜力"（Enjoy Heineken Responsibly，EHR）项目，倡导"理性饮酒"的观念，努力以这种可持续的方式，更好地传递喜力品牌的价值观。

讲故事成为企业管理策略

图4-2 阿姆斯特丹的喜力啤酒体验店

第四章

图4-3 喜力啤酒瓶及相关礼品设计

员工故事的相关内容将在下一章"挖掘真实的人物故事"中作详细介绍。

第三步，筛选外部基础信息

这一步的目的是摸清公司在市场中的地位，确定公司的战略机遇与挑战，了解公司在客户心中的形象，以及市场总体的竞争环境。外部基础信息主要包括以下几方面内容：

市场趋势：当前的市场趋势如何？它对企业现在的定位有什么影响？未来市场会变成怎样？

顾客和关键决策者：最忠诚和最不忠诚的顾客如何看待企业？竞争对手的客户对企业有何看法？市场上的实际决策者是谁？哪些因素对他们的行动起决定性作用？

合作伙伴：主要合作伙伴是怎么评价企业的？和这些合作

伙伴一起完成了哪些项目？这些项目如何传达企业的价值观？

意见领袖：企业业务领域中的意见领袖有哪些？相关行业和主要媒体如何评价企业？来自其他商业领域的意见领袖是否从企业的商业实践中获得什么启发或灵感？他们对公司评价如何？

第四步，提取基础数据

一旦筛选出企业的内外部数据，就形成了大量需要处理的资料。企业应尽快切入，深入了解企业与众不同的真正本质。开发企业核心故事的目的，是在企业内部和外部建立一致的品牌形象。

企业在开发核心故事之前，需要了解其自我认识和公众形象之间可能存在的差距。自我认识指企业的自我认知，公众形象指外部人士对企业或其品牌总体质量的感受或品质方面的整体印象。

明确内部、外部数据之间的差异性和相似性是很重要的。有些企业的自我认识和公众形象之间有很大的差异，这就说明企业自己设定的形象完全没有被公众感知到，需要加大传播力度。其症结在于，公司没有很好地解释自己企业文化的特点及其对市场和用户的影响。在这种情况下，通过提取公司内外部基本信息，可以做到有的放矢，明确在未来的品牌传播和用户沟通中应该加以强调的领域，以便使企业的自我认识和外部形象相统一。

当然，有的企业问题很多，其自我认识和公众形象差距很大,涉及实质性问题,如企业不能向消费者提供高质量的产品或服务。在这种情况下,沟通或者讲故事的作用就不大了,因为这种根本性的问题需要企业对其总体业务计划作彻底修改。

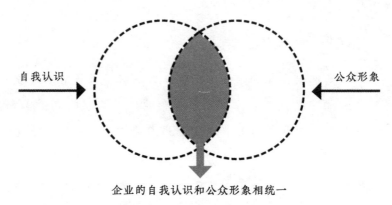

企业的自我认识和公众形象相统一

图4-4 开发核心故事的目的

在提取内外部基础信息时,公司利益相关者是重要的参考点。员工、客户、合作伙伴和意见领袖的观点如果存在共同点,那么这些共同点就是企业形象的重要因素,可以将其作为企业核心故事的坚实基础,把企业的自我认识和公众形象统一到整体品牌之中。

总结基础信息时,要全面了解企业的情况,掌握所有正面和负面内容,并分析内部认知与外部认知之间的差异。

获取内部认知的过程如下:明确公司愿景、经营方针和价值观;了解公司的历史;了解员工对公司的看法。获取内部认知的目的是找出核心故事的基础。

获取外部认知的过程如下：了解市场的趋势；了解客户和关键决策者、合作伙伴、意见领袖对公司的看法。获取外部认知的目的是确定公司的市场定位及发展战略。

第二节　讲故事成为企业的沟通工具

讲故事不仅在企业战略目标的制订中体现自己的价值，其作为企业日常沟通的工具也非常有效。下面就来展示企业如何在不同情况下，将讲故事作为内部或者外部的交流工具。

在日常执行层面，企业往往使用员工的个人故事来进行品牌建设。图4-5介绍了讲故事在两大层面上的应用。

将讲故事作为品牌传播工具，采用整体方法是最有效的，通过支持中心品牌信息，使核心故事成为公司内外沟通的共同主题。

乐高的核心故事

我们来看一下乐高如何不断调整自己的核心故事。

乐高的名称来源于丹麦语"Leg Godt"，意为"玩得开心"。在开发想象能力、创意能力和设计能力的玩具市场中，乐高一

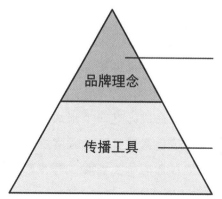

图4-5 讲故事在两大层面上的应用

直是领军品牌,曾被《财富》杂志誉为"世纪玩具",如今在世界范围内已拥有数以百万计的会员。

丹麦有个叫"比隆"的小镇,1932年,镇里的杂货铺出现了一种木制玩具。两年后,其发明者为这种玩具注册了"乐高"商标。1949年,乐高开始生产塑料积木,奠定了今天乐高玩具的基本形式。不过真正的玩具革命是在1955年发生的。那一年,乐高第一次提出"玩和学"(play and learn)的口号,倡导学习和玩耍同步进行的新型理念。1958年,乐高对玩具的设计作出了重大改进。这成为乐高历史上的另一座里程碑,它从此开始加速向前迈进。

玩乐高的过程能给予孩子成就感,使其自主发展一系列和未来成就高度相关的能力:创造性、结构化地解决问题的能力、好奇心和想象力、人际交往能力、身体运动技能。"玩和学"的口号后来变成了"玩中学"(learning through play),品牌理念

第四章

也变得更为清楚。

公司愿景：激励儿童的创意潜能。

经营方针：提供以自身产品搭建系统为中心的各种高质量的有趣产品。

价值观：趣味，创意，参与，挑战。这四个词成为乐高开发各类故事的核心词，它们代表了乐高对自己的顾客在游戏时的期待，与此同时，乐高也希望自己的员工能在工作中感受到趣味、创意，并能够不断地参与竞争、挑战自我。

乐高发现很多成人也开始接触自己的产品，比如老师在教学中使用乐高、家长陪孩子玩乐高，于是专为成人开发了可自己定制乐高的设计软件，并设置了针对成人用户的故事主题"玩到老"（lifelong play）。

图4-6　乐高设置了针对成人用户的故事主题"玩到老"

第三节 品牌故事树

品牌故事树展示了如何通过整合各种故事,来建立一个可持续发展的强大品牌。这棵树的坚实树干代表公司的核心故事,它保证了公司内部和外部所有沟通的一致性,从而将企业与竞争对手区分开来。

企业在市场上探索时,需要一个核心故事。企业通常都在为一种生产理念或商业运营计划而奋斗。在商业世界中,阻碍你发展的不是传说中的魔鬼,而是你的竞争对手,或是你自身的问题,比如缺乏创新能力、负面事件频发。借助讲故事,公司可以描绘一种挑战或是塑造一个对手,引导员工通过团队合作来克服挑战、抗击对手。面对共同的挑战或者竞争对手,企业能获得更强大的凝聚力,从而强化企业精神和企业文化,明确企业的价值观。

公司管理层的工作是把核心故事的精神融入日常工作中发

第四章

外部故事如：媒体报道
　　　　　广告
　　　　　顾客的故事

内部故事如：创始人的故事
　　　　　管理人员的故事
　　　　　公司产品的故事

核心故事
公司的所有故事都应该起源于这个核心故事，就像树的枝叶是由树干生发出来的

图4-7　品牌故事树

生的真实故事。就像树枝和树叶从树干上长出来一样，当核心故事被不断地传播并得到认可，支持公司价值观的真实故事也会越来越多，而且既有来自管理层的故事，也有来自一线员工的故事。这些故事能反过来滋养公司的核心故事，就像树叶为树提供营养一样。

此外，企业开发新产品和服务的创意来源是多样的，既可以来自企业内部，也可以来自企业外部。企业内部的管理人员、销售人员、工程技术人员、生产一线员工，都可以为新产品概念提供创意；企业外部的消费者、顾客、经销商、合作伙伴、研究机构、高校等，也都是新产品创意的重要来源。通过培育品牌树，企业可以听到来自不同人群的声音，灵活选择最适合的研发方向。

伊利的品牌故事树绘制与分析

内蒙古伊利实业集团股份有限公司成立于1993年，是中国规模最大、产品品类最全的乳制品企业之一，运用"全球织网"战略，实现了在亚洲、欧洲、美洲、大洋洲等乳业发达地区的产业布局。作为行业龙头企业，伊利集团旗下多款产品长期居市场领先地位，整体营业额在行业中遥遥领先，是进入全球乳业第一阵营的亚洲乳企。

作为中国乳制品龙头企业，伊利集团在发展过程中逐步形成了自己的品牌理念，奠定了企业故事树的根基，为企业内外部故事的创作指引了方向。

公司愿景：成为世界一流的健康食品集团。不断进取，坚持以世界领先的标准要求自己；以全球化视野、国际化胸怀，竭诚满足不同区域消费者的健康需求；成就消费者的健康生活，就是成就集团的事业。

经营方针：不断创新，追求人类健康生活。时时求创新，处处可创新，人人能创新。每一次创新，都是为了人们的健康；每一次努力，都是为了人们的幸福。

价值观：品质、效率、责任、合作。对产品讲品质，对事情讲效率，对个人讲责任，对他人讲合作。

第四章

图4-8 伊利品牌故事树分析图

讲故事成为企业管理策略

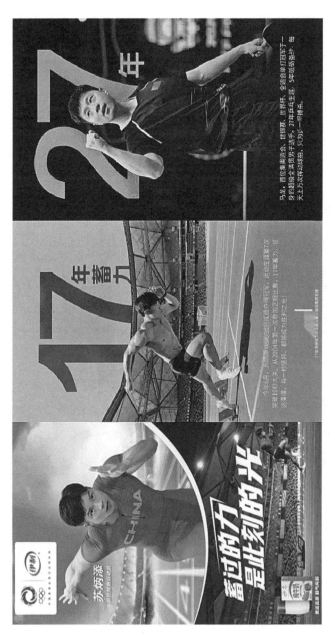

图4-9 伊利通过运动员比赛中的高光场面展示奥运精神和企业愿景

第四章

伊利突出传播的企业故事是其连续17年向中国奥运军团提供营养乳制品,这一点非常契合伊利的企业愿景。从2006年至今,伊利与郭晶晶、刘翔、易建联、马龙、苏炳添等国家级运动员签约,还与羽毛球、田径、跳水、乒乓球等运动项目的国家队合作。近年来,为了让广告语"蓄过的力,是此刻的光"更加具有说服力,伊利多次把运动员比赛中的高光场面用作宣传形象。醒目的数字,既是运动员长期努力的体现,也是奥运精神最精简的表达,巧妙展现了伊利多年来持续不断地通过赞助国际赛事助力品牌升级与传播的国际化形象。

在伊利的企业内部故事方面,不得不提的就是集团董事长潘刚。他是内蒙古人,1992年大学毕业后进入伊利担任质检员。他踏实肯干,眼光独到,26岁就走上了管理岗位。在他的领导下,伊利集团摒弃了单纯追求规模和速度的陈旧发展思路,全面打造自己的绿色领导力,追求"绿色生产、绿色消费、绿色发展",即尊重和保护环境,追求安全和健康,不对资源进行掠夺式开发,充分尊重所有相关合作伙伴的长远利益,以实现共同的可持续发展。由此,伊利有了更多的绿色故事,例如:牧民们改变了以往单纯靠种植农作物赢利的生存方式,走上了"种草——养牛——卖奶"和"养牛——牛粪滋养土地——种草"的良性循环之路,同时也保障了作为乳品行业根基的奶源的持久发展。

第四节 "由内而外"的故事营销

对于管理层来说，开发公司核心故事的第一步，是建立一个共享的心理形象，它必须清楚地定义公司正在走的道路是一条让员工感觉到自己有所作为的道路。在这方面，仅仅追求更多的市场利润或是成为"池塘里最大的鱼"是不够的。

为了获得增值的感觉，必须有一个推动公司向前发展的信念，即一种驱动企业向前的激情。如果员工能够认同公司的核心故事，他们就会自豪地分享这个故事。如果连公司员工都无法将公司区别于其他的竞争者，那又怎么能期待客户忠诚于这家公司呢？

一个强大的品牌若要对外部产生长期的影响，就必须从内部员工着手，因为员工与公司关系密切，是公司最重要的品牌形象大使。如果耐克的员工无法认同企业故事所传达的信念，即通过不断开发更好的运动产品来激发"必胜"的意志，那么

第四章

再高调的商业广告看起来也会是无比空洞的。

谷歌（Google）在很多人心目中代表了"创新"，因为这些人知道谷歌怎样在公司内部鼓励创新精神，允许员工忙活自己的项目，哪怕这些项目与其当前工作无甚关系。谷歌许多最热门的产品就是这样开发出来的，包括其核心产品线的无人驾驶汽车。为此，企业必须招聘能融入企业文化的人，并在这种文化氛围里正确地培养他们。

美捷步每年更新的"文化书"

美捷步（Zappos）是美国一家售鞋网站，1999年开站，如今已成长为最大的线上鞋类销售平台。尼克·斯威姆（Nick Swinmurn）和谢家华是其创始人。美捷步在认真思考企业愿景的独到之处后，将其拆成简短的要点，形成了企业十大核心价值观：通过服务提供惊喜；拥抱并推动变革；创造乐趣和小小的怪诞；愿意冒险，勇于创新，心态开放；追求成长和学习；用沟通建立坦率和诚实的关系；营造积极的团队氛围；努力做到事半功倍；充满激情，意志坚决；谦卑。他们所用的语言很自然，信息非常明确，既容易被公司员工所接受，也便于外部人士理解。

美捷步有一项花钱鼓励员工离职的措施。当新员工接受培训时，他们的主管会告诉他们："如果你今天离职，我们会全额支付薪水，另外再提供1000美元的奖金。"美捷步就是采用这种方式，鼓励在培训中感觉自己不怎么适合的人选择离开。

此外，美捷步每年都要印制一本厚厚的"文化书"，积累和丰富企业的故事营销资料。企业创始人谢家华说:"这本书我们每年都会更新。我们要求员工都来写几段话,讲一讲美捷步的企业文化对自己有什么意义。除了错别字,我们不作任何修改,所以你能读到好坏两方面的评语。它们是按照部门来组织的,所以你可以从中看出不同部门之间亚文化的差异。你知道有些网站里的顾客评论吧?这本书就相当于员工对公司的评论。我们把它派发给潜在的求职者,甚至客户、供应商和业务合作伙伴,好让人们对我们的企业文化有很好的理解。"

通用电气的"梦想启动未来"

通用电气(GE)的历史可以追溯到著名发明家托马斯·爱迪生(Thomas Alva Edison)。爱迪生于1878年创立了爱迪生电灯公司,四年后,该公司与汤姆森-休斯顿电气公司合并,成立了通用电气公司。在一百多年间,通用电气的产品从早期的发电机、照明设备,扩展到医疗设备、航空发动机、发电站、尖端材料等,成为世界上最知名的公司之一,为人类社会的发展作出了巨大的贡献。

通用电气通过辩论的方法进行各方面、多层次的人员沟通。这种沟通不是徒具形式的,而是一种文化氛围,是平等地进行开诚布公的交流。员工可以大胆提出问题和建议,甚至发泄自己的不满。公司通过这种方式培养员工面对现实、大胆直言的勇气,营造重视员工情感、允许员工畅所欲言的环境,从而激励员工用自己的梦想和激情为公司的腾飞插上翅膀。

自由沟通的企业文化氛围使得通用电气能在成长过程中不

断修正品牌的核心价值。例如,2002年的调查发现,员工们认为从上世纪80年代开始使用的品牌口号"GE带来美好生活"(We Bring Good Things to Life)指的是两样产品——灯具和家用电器。然而企业提供的产品和服务已远不止这些。经过反复调查和测试,通用电气最终选定了能够反映自己新核心价值的品牌口号:"梦想启动未来"(Imagination at Work)。

图4-10 通用电气的品牌口号

面对工业互联网和大数据技术的蓬勃发展,通用电气发现普通人很难与这些术语产生共鸣,便采用"讲故事"的方法,帮助商业决策人和普通大众接受那些在如今的新时代孕育生成的新产品。

讲故事成为企业管理策略

图4-11 通用电气的故事营销活动

第四章

　　通用电气的故事不是要描述工业互联网将会如何影响人们的生活,而是要展示它正在怎样影响着人们的生活。企业在自己的九个业务单元中寻找工业互联网和智慧机器改变商业运营和人们生活的故事。为了让这些故事更加生动,从而更容易被接受,通用电气通过分析互联网上大量关于机器人的对话,推出了以机器人为主角的广告短片,向人们展示工业互联网如何改变人们生活的方方面面。除了视频广告,通用电气还推出了数字体验活动和社会关系营销活动,全面铺开品牌叙事与传播战略,使其营销活动更加深入人心。

本章小结和学习重点

（1）核心故事描绘了企业的整个品牌理念，也能成为企业管理的战略工具。

（2）讲故事可以成为企业沟通工具，在战略和操作这两大层面上得到应用。

（3）企业通过绘制品牌故事树，确保内外部沟通的一致性，并将自己与竞争者区分开来。

（4）品牌的培育需要从企业内部着手，需要先让员工认同企业故事所传达的信念。

本章阐释了企业如何把讲故事用于多个战略性目的：既包括战略管理层面，也包括日常的运营层面。随着传播企业故事的重要性越来越凸显，企业越来越需要开发一个坚实的核心故事。只有深根固柢，才能枝繁叶茂，企业也必须不断积累故事，才能绘制枝叶茂盛的品牌故事树。

课后思考题

1. 简单阐释如何理解核心故事，并举例说明。

2. 举例说明企业如何把讲故事作为战略和操作层面的沟通工具。

3. 挑选一个中国品牌，为其绘制品牌故事树，分析其核心故事及企业内外部故事，并梳理相关故事类别和主题（可参考本章的"伊利的品牌故事树绘制与分析")。

4. 为什么品牌故事树的培育需要从企业内部着手？列举正、反两个品牌的例子加以说明。

第五章
挖掘真实的人物故事

第一节　员工的故事

大多数公司的故事都与公司的价值观和文化息息相关,这些价值观和文化都体现在员工身上,其职位高低并不重要。任何人都可以成为一个好故事:高级管理人员、接待人员、产品开发人员或者销售人员。挖掘员工的故事需要耐心观察并重视每个小细节。

卡姆维尔的婚礼

卡姆维尔(Comwell)是斯堪的纳维亚的连锁酒店,提供优质的服务是其核心业务。公司的核心故事有关员工的能力:他们会克服任何障碍,让客人感到快乐。公司为此整理了一个名为"一切为你"(all for you)的小文件夹。在该文件夹中,许多员工讲述了自己的经历,包括为了让顾客满意而付出的额外努力。一位女秘书讲述了以下故事:

第五章

那是一个仲夏夜,卡姆维尔酒店正在举办一场盛大的婚礼,新娘是丹麦人,新郎是美国人。婚礼来宾有70人,他们被邀请参加在酒店附近的海滩上举办的传统丹麦式篝火晚会。不幸的是,那年夏天消防部门和港务局禁止在海滩上举办任何私人篝火晚会。新娘泪流满面,她非常希望她的丈夫和来自美国的亲友能够体验这种活动。酒店的几位员工帮助她解决了这个问题。他们收集了大量柴火,在乡下的花园里举办了篝火晚会,让这对新人如愿以偿。

这些贴心的服务体现了员工的职业态度,为酒店赢得了很好的声誉。

还原一线员工的真实故事

很多企业喜欢以一线员工的真实故事作为企业广告的素材。例如,农夫山泉在成立20周年时陆续发布了四支广告片,主角从搬运工到水质检测员,全都是自家员工,意在用普通人的闪光点刻画品牌温度。在拍摄这一系列广告片之前,农夫山泉其实遭到了一次近乎致命的打击——有媒体质疑农夫山泉的标准不如自来水。对此如何作出回应?如果不断地看到这类信息,公众很容易对其信以为真。既然被质疑不如自来水,那么为什么不把真实的一面亮出来给大家看呢?企业用了近一年的时间拍摄纪录片,展示了农夫山泉的水源、工厂和员工。其中有四名员工讲述了自己的故事,从几个角度来表现员工的责任与坚守。《一百二十里》讲述的是武陵山水源地水质检测员肖帅的故事,《最后一公里》讲述的是西藏地区销售负责人尼玛多吉的故

挖掘真实的人物故事

图5-1 农夫山泉广告讲述了千岛湖取水口守护员徐忠文的故事

事,《一天的假期》的主人公是农夫山泉抚松工厂厂长饶明红,《一个人的岛》则讲述了千岛湖取水口守护员徐忠文的故事。这四个故事都很质朴、平实,却非常有说服力,它们的背后是农夫山泉的品牌理念和价值观。

支持员工参加企业外的志愿服务

妮维雅(NIVEA),这个名称来自拉丁语niveus,意为"雪白"。这是德国公司拜尔斯道夫(Beiersdorf)旗下的护肤品品牌,于1911年12月在德国汉堡创立。妮维雅的员工喜欢在这里工作,并为公司及公司的价值观感到自豪。员工们的业绩和承诺推动着公司的发展。公司的工作氛围是一种独特的胜利精神和团队合作的结合。公司的可持续发展议程只有借助了解公司的承诺、目标并能够确定自己在全局中的位置的员工才能实现。这就是为什么妮维雅经常以各种形式激励世界各地的员工参与公司举办的"可持续发展论坛"、"回收者"等活动,也支持员工在公司以外参加各种志愿服务。因此,其员工的故事不局限于企业内的活动,也会触及不同社区和地域。员工的公益服务活动使企业展示出更多的正面形象。

以下是一些讲述员工故事的技巧:

- 选择那些最能代表公司价值观的人,或者那些有讲故事天赋并且喜欢讲故事的员工。
- 询问他们在公司的经历,询问他们会给朋友或同事讲什么故事,或者他们曾听到过什么令自己印象深刻的故事。
- 收集突出的个人成就,比如生产研发人员的创新能力、销售人员的惊人业绩等。这些内容会为新的故事提供线索。
- 积累身边零碎的故事片段,尽量找到故事的来源,探寻完整的故事。
- 考量收集的故事是否和企业价值观相符,选出与价值观较一致的故事。

第二节　创始人的故事

作为公司的头面人物,企业创始人和历任 CEO 大多具有象征意义。关于创始人的故事在公司里总是一次又一次地被讲述,从而流传很多年,影响公司几代员工。因此,创始人的故事对于企业塑造品牌有很重大的意义。

微软（Microsoft）讲述着比尔·盖茨（Bill Gates）辍学创业以及慷慨捐款的故事;戴尔（Dell）讲述着其创始人迈克尔·戴尔（Michael Dell）创业时与父母打赌的故事;百事可乐（Pepsi-Cola）讲述着其掌门人曾经希望以5万美元的价格将公司出售给可口可乐（Coca-Cola）,却被后者一口回绝的故事;肯德基（KFC）讲述着哈兰·山德士（Harland Sanders）辛酸的失败史。正是领导者的传奇故事,加深了人们对品牌的印象,加强了人们对企业的关注和重视,从而达到很好的品牌传播效果。

一生的"甜蜜"故事

意大利品牌费列罗（Ferrero）的创始人米歇尔·费列罗（Michele Ferrero）的一生是一个"甜蜜"的故事，充满了对家人、对他的公司及合作者的爱。

米歇尔·费列罗生于1925年。1940年代，他的父母将一家糕点店变成了一家工厂。费列罗家族是第二次世界大战后第一家在国外开设生产基地和办事处的意大利糖果制造商，从而使公司成为真正的国际集团。米歇尔于1957年继承了公司，对探索新方法和不断实验的渴望是他整个职业生涯的特征。1964年，

图5-2 米歇尔·费列罗不断研发新产品

第五章

他将父亲发明的榛子酱制成了能多益（Nutella）巧克力酱。在他的支持下，公司在20世纪下半叶不断发展，分别于1956年在德国、1958年在法国开设了工厂。在其他欧洲国家开设工厂后，又在美国、加拿大、澳大利亚和一些亚洲国家开展业务。健达（Kinder）巧克力于1968年问世。一年后嘀嗒糖（Tic Tac）被投入市场。装有小玩具的健达奇趣蛋（Kinder Surprise）于1989年在欧洲推出，立即获得了成功。

在米歇尔·费列罗的精明指导下，该公司一直坚持家族私有，其高管仅限于家庭内部人员，工厂被高墙包围，其机械是内部开发的，只有很少的八卦消息能透露到外界。

英国《卫报》称："尽管费列罗品牌享誉全球，但该集团仍然是全世界最神秘的组织之一。"该报称，截至2011年，该集团几乎从未举行过新闻发布会，集团高层出现在公众视野中时，都用大号太阳镜遮住半张脸，且从未单独接受过媒体采访。

意大利家族企业的共同命运是，在第二代或第三代失去精力和吸引力之后，被实力雄厚的外国公司接管。米歇尔·费列罗一直在为抵制这种命运而努力，由内部人员开发公司的所有新产品，并回绝外国竞争对手发起的收购要求。

以下是关于寻找公司成立与创始人故事的几点建议：

- 从阅读有关公司发展历史的所有材料开始。
- 如果创始人仍然在公司工作，请与其面谈。如果创始人已不在公司，请和早期的高级管理人员谈谈。
- 在面谈时询问：是什么原因引发了公司的成立？当时的社会和商业背景是怎样的？

- 思考创始人有哪些创业灵感,有哪些愿景和目标。
- 思考当时的愿景是否与现在的愿景一致,是否存在前瞻性的信息。

第三节　消费者的故事

　　如果公司有忠诚度很高的顾客群，就尽量让他们分享个人故事，正是顾客的故事增进了品牌体验的丰富度。顾客故事的可信度远远高于企业的自我表扬。在规划产品故事的时候，需要确定自己的品牌瞄准的是哪类群体，发掘消费者内心深处的需求。此时，收集消费者故事就变得尤其重要了。

　　例如，福特公司起初试图运用单向的故事营销，即向消费者讲故事，但是他们很快发现，更有效的方法是让福特车主们讲述自己跟品牌有着怎样的联系。2011年，福特把焦点放在了分享客户的故事上，不再强调自己的企业叙事，把"福特故事"变成了"福特社交"，并表明："如果产品足够优秀，那就放下担心，让别人来讲述你的故事。"

爱步客户的感谢信

很少有公司会有幸遇到顾客来信讲述他们的故事，表达他们的感激之情，然而以舒适和高品质休闲鞋著称的国际品牌爱步（ECCO）却经常收到来自世界各地顾客的感谢信。有一位美国顾客来信说了自己的故事：有天晚上，他的办公室突然停电。办公室离家40英里，没有地铁和公交车，他只能步行回家。正是因为穿着爱步的鞋子，他才顺利地回到了家。这双鞋比运动鞋还要舒适，鞋底也一点都没有磨损。这位顾客在信中表示会向朋友推荐这个品牌的产品。

可悲的是，大多数客户的感谢信最终会被放在客户服务部的档案夹或抽屉里，没有人会看到它们，但我们不应该低估这样一个故事的力量。面对新客户时，它可能是销售人员的宝贵"弹药"。它可以提升公司精神，让员工觉得他们真的能为顾客带来改变。

关注日常小故事

另一个成功的品牌案例是雀巢，它的发展过程一直都建立在了解消费者的基础上。雀巢公司诞生于1867年。有关公司的创立就有一个感人的故事：19世纪60年代，从事药剂师工作的亨利·雀巢开始研究可以降低婴儿死亡率的奶制品。他研制的一种由牛奶与麦粉混制而成的婴儿奶麦粉，成功地挽救了一个因母乳不足而营养不良的婴儿的生命。这个故事一传十，十传百，逐渐被一些妈妈、助产士以及医生知晓，亨利·雀巢顺势

第五章

创立了奶粉公司,并用自己的姓氏作为品牌名称。

另一个故事发生在日本,雀巢注意到日本学生在考试前有许愿的习惯,于是根据日本文化的特点,开发了一种有助于提升注意力的巧克力制品,命名为"Kit Kat"(奇巧),它和日文"必胜"发音类似。参加考试的学生往往会在考试之前收到亲朋好友送来的"Kit Kat",它不仅仅向学生提供营养,更提供一种迎接挑战的精神力量。

据外媒报道,雀巢正在日本进行一项DNA试验计划。公司给消费者一个可以在家里使用的DNA搜集工具,在获得消费者个人的DNA之后,雀巢可以对DNA进行分析,然后提出相应的饮食建议。通过这样的试验,雀巢公司能捕捉到非常生动和个性化的饮食方式和故事。

以上的几个例子都生动地展示了雀巢公司如何将消费者的故事与新产品研发相结合,公司的创新正是依赖那些日常小故事。

以下是挖掘消费者故事的一些技巧:

- 通过和顾客交谈收集顾客的故事。交谈时要考虑如何从客户那里获得直接的反馈,可以是顾客使用产品或者接受服务时的感受,也可以是顾客对企业总体形象的评价。
- 寻找客户的具体事例,看看公司产品在客户体验中扮演了什么角色。
- 思考公司在哪些方面对客户产生影响,以及这些影响在故事里是否有所体现。

第四节　意见领袖的故事

意见领袖，最早是由美国社会学家、哥伦比亚大学应用社会学研究所创始人保罗·拉扎斯菲尔德（Paul Felix Lazarsfeld）在《人民的选择》中提出的，是有关两级传播的重要理论。之所以说它是两级传播的重要理论，是因为它将传播分成了两个阶段：大众传播阶段和人际传播阶段。也就是说，信息首先经过大众媒介到达意见领袖这里，再由意见领袖传达给社会大众。当然，这并不意味着大众媒介不直接面向社会大众，而是借助意见领袖，大众媒介能更有效地说服社会大众。

意见领袖并不集中于特定的群体或阶层，而是均匀地分布于社会所有群体和阶层中，所以他们的故事会非常丰富多样。此外，意见领袖往往具有权威性（信源可信度较高），拥有普通人不具备的专业知识，也常常关注新闻事件，并乐于发表自己的观点。因此，意见领袖的故事往往更有说服力。

第五章

一块劳力士，一个故事

1905年，年轻的德国商人汉斯·威尔斯多夫（Hans Wilsdorf）在伦敦与英国人阿尔弗雷德·戴维斯（Alfred Davis）合开了一家专门出售钟表的公司——Wilsdorf & Davis，它就是劳力士的前身。1908年，公司为其产品注册商标"Rolex"，这是"皇家"一词的变体写法。劳力士最初的标志为一只张开五指的手，它表示该品牌的手表完全是靠手工精雕细琢的，后来才逐渐演变为皇冠商标，以示其在手表领域中的领先地位。

劳力士手表早在第二次世界大战以前就在欧洲地区十分畅销，以精确、可靠而闻名。第二次世界大战期间，英国飞行员纷纷购买劳力士手表来替换军方配发的精确度不够的手表，威尔斯多夫则为被俘的英国军官置换被没收的手表，直到战争结束都不需支付费用。当时发生了这么一个经典的故事：一位被俘的英国飞行员向威尔斯多夫订购了一块劳力士手表，并利用该手表精确推算出狱警的巡逻时刻表。这个故事在战争结束后帮助劳力士打开了美国市场。

劳力士腕表总是备受各国消费者的珍视，它不仅具备物质价值，更蕴藏深远的意义。不论是作为传家之宝，还是作为赠礼，劳力士腕表都象征着生命旅途中的非凡时刻。劳力士在题为"一块劳力士，一个故事"的专题宣传网页中展示了来自不同国家的意见领袖与劳力士手表的故事。这些故事虽然都是有关劳力士手表的，但却彰显了产品的个性化和多元化。

麦可·布雷（Michael Bublé）是加拿大著名流行爵士乐歌

手和影视演员,唱片公司在他发行首张专辑时赠予他一块劳力士腕表,自此他一直视此腕表为不断追寻梦想的象征。他说:"劳力士伴随我度过很多重要时刻,我会与自己最珍视的人在那些时刻分享对这一品牌的热爱。我与乐队共度了许多岁月,在乐队成立十周年时,我赠送他们每人一块劳力士腕表,现在我们就像一支劳力士乐队。我也曾赠送劳力士腕表予一位医生,他拯救了我祖父的性命,我对此无比感激。"

以下为挖掘意见领袖故事的一些技巧:

- 通过访谈进行调研,从和公司有良好关系的意见领袖开始,如行业专家、产品研发专家,或者产品使用者中的名人。
- 通过纪录片的形式,表现意见领袖真实的生活故事,深入了解他们使用产品和服务的体验。
- 通过收集不同意见领袖的消费观,了解他们关注品牌的主要利益点有哪些,分析它们是否有很大差别,以及是否与品牌的核心故事或者产品故事主题相吻合。

第五节　合作伙伴的故事

从合作伙伴那里得到的故事总是很有趣，因为它们通常是建立在对公司内部管理的实际了解和与公司员工的直接接触之上的。在这里可以发现一些故事的原材料，这些原材料以分享个人经历的形式将不同的企业相关者紧密地联系在一起。如果企业长期以来有着稳固的商业合作伙伴，通常会有一些故事反映双方共同的价值观。

购物节背后的男人

东鹏特饮一直关注物流行业的合作伙伴，连续三年举办关爱物流从业者的活动，给物流从业者送去支持与关怀，还发布了"东鹏特饮，陪你一起扛"系列主题海报，用简短的语句，鼓舞每一位"购物节背后的男人"，传递"年轻就要醒着拼"的品牌能量。

东鹏特饮发布的系列短片《东鹏特饮，陪你一起扛》，讲述了快递小哥、货车司机、大件送货员这三个物流工种在购物节期间发生的故事。故事温情而真挚，道尽了物流从业人员的艰辛，表达了对物流从业人员的敬意。

第一个短片讲述了购物节期间快递单暴涨，快递小哥非常忙碌，为了送件，他甚至来不及吃上几口热饭。最忙的一天，他要分拣463份快件。让人感动的是，这几百份快件中居然有一份是家人寄给他的快递——腊肠。即使再忙碌，也要按时吃饭——这是家人最真切朴实的关怀。

第二个短片讲述了一位货车司机"诡异"的旅途：车上装满玩偶。最后谜底揭晓，原来是这位司机要为女儿庆祝生日。片子很幽默，最后的反转让人看了忍俊不禁。工作虽然疲惫，但是家庭和爱永远是支撑你走下去的力量。

第三个短片描述了购物节期间大件送货员的辛劳。在短片中，送货员扛着大件货物，一级一级地走上阶梯，而东鹏特饮则是他的"能量伙伴"。随着送货员体力的不断消耗，东鹏特饮也一瓶瓶地见底，但无论是一个人，还是一瓶饮料，能量未必是有限的。只要对生活的热情还在，前行的脚步就可以永不停息。

意利的合作咖啡店

创立于1933年的世界著名咖啡品牌意利（illy）将意大利传统与先进的科学技术相结合，使浓缩咖啡的生产工艺不断完善。

意利咖啡之所以特别，是因为它是以阿拉比卡咖啡豆为原

图5-3 "东鹏特饮,陪你一起扛"系列主题海报

挖掘真实的人物故事

图 5-4　东鹏特饮：快递小哥的故事

图 5-5　东鹏特饮：货车司机的故事

图 5-6　东鹏特饮：大件送货员的故事

第五章

料的。用阿拉比卡咖啡豆做一杯好的浓缩咖啡是一门非常精细的艺术,据说60%的口感由咖啡师决定。因此,意利公司非常依赖他们的商业伙伴,如咖啡店和酒吧,以确保他们的顾客能品尝到最佳的意利咖啡。

下面的故事发生在一家位于哥本哈根市中心的咖啡店内:

一天下午,一位意大利老绅士走进拉兹洛咖啡馆,点了一杯意利浓缩咖啡。年轻的服务员看着他说:"尽管我很想给您端上这杯浓缩咖啡,但是恐怕不行。今天早上我发现我们的浓缩咖啡机没有正常工作,这意味着意利浓缩咖啡的口味不会很好,所以我宁愿不端给您。对不起,希望您能理解。"这位意大利老绅士站起身来,脸上满是笑容地向年轻服务员道谢。原来他就是当时意利的老板欧内斯特·意利(Ernesto Illy)。他对这位年轻服务员表现出来的专业态度非常欣赏,特别是他保护意利品牌的方式。欧内斯特·意利在哥本哈根作了一次关于咖啡的讲座,并为这里最好的咖啡店颁奖。这位年轻的服务员受邀参加了颁奖典礼。

以下是挖掘合作伙伴故事的一些技巧:

- 从和公司有良好且密切关系的合作伙伴入手,如供应商、销售渠道、合作媒体等。
- 思考合作关系有何具体优势和特征,公司如何对待合作伙伴,即企业处理内外关系的价值观。
- 询问有什么双方共同参与的项目是双方都引以为豪的,了解具体情况。

本章小结和学习重点

（1）企业员工每天都在体现和传达公司的价值，成为企业对外传播品牌故事的基础。

（2）企业创始人的故事可以流传很多年，影响公司几代员工，对于任何企业都具有象征意义。

（3）顾客故事的可信度远远高于企业的自我表扬。挖掘消费者故事有利于了解市场需求、调整产品定位。

（4）意见领袖有权威性，他们的故事往往丰富多样。

（5）合作伙伴的故事可反映共同的价值观，帮助企业处理内外关系。

真实人物的故事可增加信息的可信度，往往比虚构的故事强得多。这些故事对于企业来说是极其宝贵的资料，是品牌宣传的坚实基础。

课后思考题

1. 从你熟悉的国内外品牌中，寻找以员工故事为题材的广告，并谈谈它们的传播效果。

2. 举例说明创始人故事对于品牌的影响。选择几个不同年代创立的品牌，分析其创始人故事有何相同点和不同点。

3. 选择某国内品牌，通过问卷调查或者访谈，挖掘消费者故事，并分

第 五 章

析这些故事所反映的市场需求和产品定位。

4. 阐述意见领袖的概念和特征，分析他们和代言人的区别。以某一品牌为例，说明如何通过意见领袖的故事来传播消费观念和品牌主旨。

5. 如何理解企业的合作伙伴？他们包括哪些人群？根据本章中东鹏特饮关注物流行业合作伙伴的故事，具体说明该企业和物流行业是否有共同的价值观。

第六章
如何让故事常讲常新

第一节　赋予产品新的生命

所有品牌和产品都有生命周期。产品生命周期理论最先是由美国经济学家雷蒙德·弗农（Raymond Vernon）于1966年提出的。该理论认为，由于技术的创新和扩散，制成品和生物一样，也具有生命周期。产品的生命周期可以大致划分为四个阶段，即引入期、成长期、成熟期、衰退期。品牌管理者应在其产品生命周期的不同阶段采用不同的故事营销战略，开发新的市场，制订新的竞争对策。一种策略是使得处于衰退期的产品快速退出市场，用新的产品逐步代替老的产品。如采用这种策略，就必须宣传新产品，但是必须适当维持原来的口号和核心故事。另一种策略是不断地调整产品功能，挖掘顺应时代潮流的新故事，使处于衰退期的产品继续发挥其潜力，在市场上重振雄风。宝洁（P&G）经典产品象牙肥皂就是一个很好的例子。

第六章

宝洁经典产品象牙肥皂的重生

盛夏的一天，宝洁创始人威廉·普罗克特（William Procter）与詹姆斯·甘保（James Gamble）一道在楼前喝咖啡闲聊，甘保夫人在一旁洗衣服。普罗克特突然发现，甘保夫人用的是一块黑黝黝的粗糙肥皂，与她洁白细嫩的手形成了鲜明的反差。他不禁叹道："这种肥皂真令人作呕！"这声无意的叹息令两人灵感闪现：制造出一种又白又香的肥皂如何？1837年，普罗克特和甘保决定开办一家专门制造肥皂的小公司，名称就用他俩姓氏的首字母组合。普罗克特聘请自己的哥哥当技师，研制洁白美观的肥皂。经过一年的精心研制，一种洁白的椭圆肥皂出现在他们的面前。普罗克特和甘保欣喜若狂。该给它起一个什么动听的名字呢？普罗克特煞费苦心地日夜琢磨。一个星期天，普罗克特去教堂做礼拜，听到神甫说："你来自象牙似的宫殿，你所有的衣物都散发沁人心脾的芳香……"普罗克特心念一动："对，就叫'象牙肥皂'！"那时候还没有自来水，人们常常在河边洗衣服，一不小心肥皂就会沉入河底，而他们这种用橄榄油和苏打制作的白色肥皂却能漂浮在水面上。象牙肥皂凭借美好的外表与优良的品质一炮走红。

从上世纪90年代开始，专用肥皂和沐浴液产品已更受欢迎，象牙肥皂很少再有人问津。然而，2008年的金融危机带来了转机：研究表明，家庭开始变得节俭——不愿为每一名家庭成员单独购买不同的肥皂。这对象牙肥皂来说是个机会，因为它适合所有人，而且有更强大的品牌号召力。当时象牙肥皂营销团队负责人向《福布斯》杂志解释说:"根据我们的消费者调研,人们喜欢用回自己原先使用的产品,而且很多用户都记得象牙肥皂。我们在美国仍然能卖出上百万块象牙肥皂,但也有许多人不再使用它了。即便如此,这些人仍然记得,象牙皂对自己和家人有着什么样的意义。我们走访了零售商,这让我们更加有理由相信,如果我们能以某种形式推出广告,就有望取得成功。"

在随后的广告里,他们激发了象牙香皂最根本的故事营销力量——设计公司以一代新人为目标,制作了很多小视频,在不同的媒体上播放。图6-1中的广告风格明净而有现代感,与

图6-1 设计公司制作了很多简洁的小视频,在不同的媒体上播放

第六章

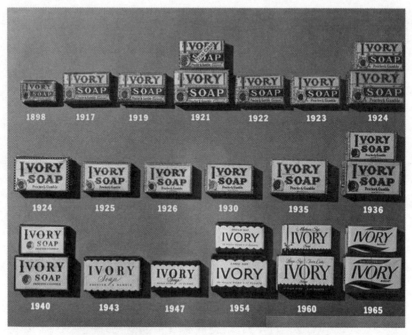

图6-2 宝洁象牙肥皂的包装设计

象牙肥皂强调的产品特色非常吻合，成功地让产品焕发了新生。为了保持品牌形象宣传的一致性，宝洁对字体作了更新，包装设计也和广告背景色彩统一，每一款的设计都配上手绘的简洁图案，并开始推广五块一组的家庭装。

第二节　品牌延伸与故事创新

故事营销对企业品牌和产品品牌的宣传都很有用，关键是公司需要时刻关注自己的品牌延伸战略。品牌延伸问题的系统研究起源于20世纪70年代末。1979年，爱德华·陶伯（Edward Tauber）发表了学术论文《品牌授权延伸：新产品得益于老品牌》，首次系统地提出了品牌延伸理论。进入80年代，对品牌延伸问题的研究持续升温。90年代经济全球化浪潮的一个突出特点是跨国并购迅猛发展，联合品牌作为品牌延伸战略之一，成为学术界的研究热点。此外，戴维·阿克（David Aaker）和凯文·莱恩·凯勒（Kevin Lane Keller）分别于90年代初发表了《消费者对品牌延伸的评价》及《品牌延伸连续性引入的影响》等论文，提出了品牌延伸的市场测定和评估、品牌结构的多重延伸等新课题。

近年来，随着我国经济的快速发展和国际市场竞争的加剧,中国企业加快了品牌创新、设计研发的步伐,而且中国企业与国际企业之间的兼并、重组以及联合研发也日益频繁,品牌延伸作为一种经营战略在企业经营中得到了广泛重视和应用。国内众多专家与学者通过大量研究,结合中国国情,指出应从企业宏观战略的角度来认识品牌延伸。余明阳认为品牌延伸是指将某一著名品牌或某一具有市场影响力的成功品牌用在与成名产品或原产品完全不同的产品上,凭借现有品牌产生的辐射力事半功倍地形成系列名牌产品的一种名牌创立策略。卢泰宏和谢飙认为,品牌延伸是指借助原先已建立的品牌地位,将原有品牌转移使用于新进入市场的其他产品或服务(包括同类的和异类的)之中,以及运用于新的细分市场,达到以更少的营销成本占据更大市场份额的目的。何君、厉戟认为,品牌延伸的形式包括产品线的延伸、产品原型的延伸、细分市场的延伸。

品牌延伸战略有两种:单一品牌架构、复合品牌架构、多品牌架构。不同的品牌结构策略会影响企业核心故事的设计,以及各类创新产品故事的策划和宣传。

表6-1 品牌延伸战略的策略规划

品牌延伸战略	概　　念	品牌故事设计关键点
单一品牌	企业生产经营的所有产品(包括不同种类的产品)都统一使用同一品牌	保留母品牌原有的品牌故事,产品形象也必须体现母品牌的核心特质

续 表

品牌延伸战略	概 念	品牌故事设计关键点
双品牌	产品品牌与企业品牌共用，即企业赋予不同产品以不同的品牌，并在这些品牌名称前加上企业的名称，也就是赋予产品一主一副两个品牌	在前期宣传时应该保留母品牌的故事和设计风格，副品牌故事主要用于说明产品的独特功能和利益点
联合品牌	两个或两个以上企业经合作、联营、合资等，针对联合研发、生产的产品并列使用两个企业品牌	合作企业的品牌文化和品牌故事要相互融合，不能冲突太大
多品牌	企业在同类产品中使用两种或两种以上品牌	多个子品牌有不同的市场定位，各品牌产品故事要有较大差异

单一品牌架构，又称统一品牌架构，指企业生产经营的所有产品（包括不同种类的产品）都统一使用同一品牌。这种架构往往是企业品牌对应所有的产品，所有的产品都采用企业品牌。单一品牌架构的优点表现为：能向社会公众展示企业产品故事的统一形象，可以大大提高企业知名度，从而促进新产品与系列产品的推广。所有产品共用同一品牌，可节省品牌设计和品牌故事前期推广等方面的大量费用。母品牌原有的品牌故事影响力可使新产品较快进入市场，能把企业故事广泛地传播，让商品具有很强的可识别性，给消费者留下深刻的印象，从而

建立情感联系。单一品牌架构的劣势表现为：企业要承担很大的风险。由于各种产品明显表现出共生的特性，一旦同一品牌下的某种产品因某种原因（如质量）出现问题，就可能因"株连效应"而波及其他种类产品。因此，不同产品故事的差异不能太大，母品牌的核心故事要足够突出，产品故事要与母品牌故事相协调。

复合品牌就是指赋予同一种产品两个及以上品牌。根据复合品牌所处层次的不同，一般可将复合品牌架构分为双品牌架构与联合品牌架构。双品牌架构又称主副品牌架构，是指产品品牌与企业品牌共用，即企业赋予不同产品以不同的品牌，并在这些品牌名称前加上企业的名称，也就是赋予产品一主一副两个品牌。其中，主品牌代表该产品所在企业的声誉，它是产品品牌识别的核心，副品牌代表该产品的特征与个性形象。在前期宣传时应该保留母品牌的故事和设计风格，副品牌故事主要用于说明产品的独特功能和利益点。双品牌策略相比单一品牌更加明确不同产品的风格定位与发展方向，有利于避免品牌延伸中产生的"株连效应"，而且能通过新颖的副品牌故事来激发主品牌的活力。

联合品牌架构是指两个或两个以上企业经合作、联营、合资等，针对联合研发与生产的产品并列使用两个企业品牌的方式。采用联合品牌架构有以下优点：可以使两个或更多品牌有效协作、相互借势，以此提升品牌影响力。品牌联合所产生的传播效应是"整体远远大于部分之和"。对于品牌的发展，合作双方必须风险共担。在经营品牌过程中，特别是当其中一个品

第六章

牌遇到危机时，企业间可以相互商议，取长补短，群策群力，共渡难关。如果合作方来自不同国家，则企业品牌产品可分别在合作方所在国销售，使产品拥有更广阔的市场。联合品牌架构的劣势表现为：合作企业都已经形成了各自的企业文化、管理机制、核心故事，如果各品牌发展理念差异较大，在长期合作中会碰到许多经营与管理问题。当合作方有意见分歧时，如协调不好，就会损害双方的品牌形象。

与时尚设计师联名合作

除了企业合并与合作，近年来企业与时尚设计师进行品牌合作也成为品牌联合的一种特殊形式，不同设计师的背景故事成为品牌故事创新的主要动力之一。例如：H&M与设计师合作的热潮开始于2004年，只要17欧元就可以买到一件香奈儿（CHANEL）的艺术总监卡尔·拉格斐（Karl Lagerfeld）设计的H&M的T恤，上面还印着这位人称"时装界的凯撒大帝"或"老佛爷"的设计师的头像简笔画。该T恤一经推出，即刻热销。位于纽约第五大道的H&M店铺每小时都能卖出1500到2000件，全球范围内整个系列都在一天之内售罄。之后H&M每年都与一位顶级设计师合作，如川久保玲、范思哲（Versace）、朗雯（Lanvin）、马修·威廉姆森（Matthew Williamson）等，不断推出联名系列服饰。2007年进入中国市场后，H&M也开始寻求和中国知名设计师的合作。

图6-3 2004年H&M与卡尔·拉格斐合作的宣传海报

多品牌策略寻求产品故事差异化

多品牌架构是指企业在同类产品中使用两种或两种以上品牌的架构。多品牌策略的优势在于其可以满足细分市场的需求，因而特别适合产品生命周期较短、受潮流影响很大的行业，如食品、日化、服装、小家电等。采用多品牌策略有利于扩大市场占有率，尽管有可能面临竞争，但是多品牌能使企业获得更多的利润。多品牌策略有利于在同类产品中突出不同产品的特性，因而有利于提升企业的抗风险能力。采用多品牌架构能较好地分散风险，避免个别品牌的问题损害企业的利

第六章

益。多品牌策略的劣势表现为促销费用高。对于每个子品牌，企业都必须持续提供巨额的推广与促销费用。若品牌数量过多，则会对树立企业整体形象造成妨碍。企业在实施多品牌策略时，多种品牌之间或多或少会存在相互竞争，如果产品故事差异不大、个性不强，便会"自相残杀"，最终使企业总体利益受损。

例如：农夫山泉实行的是多品牌战略，以"农夫山泉"母品牌打开矿泉水市场，之后陆续推出了"农夫果园"、"尖叫"、"水溶C100"、"维他命水"、"东方树叶"、"打奶茶"等品牌。各品牌产品的包装、广告故事都不相同，且各具特色，形成鲜明的产品风格。多个子品牌的细分市场各不相同，因而不会彼此竞争相同的顾客群。

"东方树叶"是农夫山泉公司出品的一款茶饮料品牌，用农夫山泉泡制，主打零卡路里。"东方树叶"的宣传描述了一个神秘的故事：1610年，中国茶叶乘着东印度公司的商船漂洋过海，饮茶之风迅速传遍欧洲大陆。因其来自神秘的东方，故被称为"神奇的东方树叶"。中国有巨大的茶饮料消费市场，但目前大多数同类产品都有雷同的包装形象，农夫山泉邀请英国顶尖设计公司"捕珠者"（Pearlfisher）为其新产品"东方树叶"设计了包装形象。这个系列产品包含红茶、绿茶、茉莉花茶以及乌龙茶等四个口味。整体包装设计以插图搭配文字，讲述了茶文化传播的小故事。创造性的包装形象帮助农夫山泉的这款茶饮料在市场上脱颖而出。

与新包装相配的是新广告。广告故事很简洁，用3D古风动

如何让故事常讲常新

图6-4 "东方树叶"系列产品在包装设计中加入了有关中国茶文化传播的小故事

第六章

图6-5　古风动画广告展示了中国茶文化的传播

画展示了中国茶文化是如何传播到世界各地的:"公元一二六七年,蒸青绿茶东渡日本。贞观十五年,红茶经茶马古道传往西域。十七世纪,中国乌龙风行英伦。传统的中国茶,神奇的东方树叶。"广告中的动画形象也被应用到包装上,增强了品牌故事的统一性。

第三节 品牌故事的体验营销

美国未来学家阿尔文·托夫勒（Alvin Toffler）于20世纪70年代在《未来的冲击》中预言：服务经济的下一步是走向体验经济。人们会创造越来越多跟体验有关的经济活动，商家将靠提供体验服务取胜。美国战略地平线顾问公司的共同创始人B.约瑟夫·派恩（B. Joseph Pine Ⅱ）和詹姆斯·吉尔摩（James H. Gilmore）在1998年指出，体验经济时代已经来临。经济价值演进的四个阶段为产品、商品、服务、体验，体验将成为一种独特的"经济提供物"，是开启未来经济增长的钥匙。

表6-2 人类发展中经济价值演进的四个阶段

经济供给物	产品	商品	服务	体验
经济	农业	工业	服务	体验
经济功能	采掘提炼	制造	传递	舞台展示

第六章

续 表

经济供给物	产品	商品	服务	体验
提供物的性质	可替换的	有形的	无形的	难忘的
关键属性	自然的	标准化的	定制的	个性的
供给方法	大批储存	生产后库存	按需求传递	在一段时期之后披露
卖方	贸易商	制造商	提供者	展示者
买方	市场	用户	客户	客人
需求要素	特点	特色	利益	突出感觉

服务经济快被人们发展到极致时，体验经济将成为企业增强竞争能力、获取竞争优势的新焦点。在企业经营中自觉运用体验营销增强企业竞争能力，将成为现代企业开拓市场的一种新思路。体验经济时代以通过满足个性化需求给予消费者美好感受为主旨，提升企业竞争能力。给予消费者美好的感受，甚至是终生难忘的记忆，不仅有利于培育忠诚顾客，而且可以避免单纯价格战给企业绩效带来的阴影，因为美好的体验是消费者衡量商品或服务价值的标杆，消费者越觉得商品或服务有价值，对价格就越不计较。体验通常是在对事件的直接观察或者参与中产生的，不论这种事件是真实的还是虚构的。

体验会涉及知识、智力、思考等理性因素，但更为重要的是感觉、情感、精神等感性因素。具体到品牌故事的体验营销，就是企业以服务为舞台，以商品为道具，围绕着消费者设置情景故事，创造出值得回忆的活动。就本质来说，体验品牌故事指的是一个人亲身参与、经历企业的故事传播。体验主要以五官感觉即听觉、视觉、嗅觉、味觉、触觉为基础,可分为娱乐体验、教育体验、遁世体验、审美体验等四大类,它们互相兼容,形成独特的个人感受。

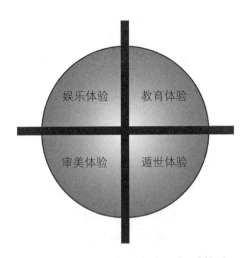

图6-6 体验可分为四大类:娱乐体验、教育体验、遁世体验和审美体验

虎屋——日本传统糕点的五感艺术

创建于京都的"虎屋"有超过五百年的历史,最初是一家和果子(一种日本传统糕点)制作店,在后阳成天皇时期成为皇室御用糕点店。1869年日本迁都东京,虎屋在保留京都店的同时到东京开店,营业至今。目前,虎屋在日本有三家工厂、约80家店铺,在巴黎也有一家门店。

虎屋的信念是"制作美味的和果子,让客人满意地品尝"。

第六章

和果子这种传统日式糕点,主要使用植物性原料,其灵感源自热爱自然的日本人细腻的审美观。和果子的种类丰富多样,既有体现大自然四季风情的糕点,也有适合节庆活动或人生关键节点享用的糕点。和果子作为一种日本文化,深深扎根于日本人的生活之中。

虎屋的和果子被称为"五感的综合艺术"。味觉:在口中扩散开的美味享受。嗅觉:红小豆、柚子、生姜等原材料本身具有淡淡的清香,且不会影响一同饮用的茶水香气。触觉:用手掰开、用竹签切开、含在口中时,各种糕点的触感和口感各不相同。视觉:形状和色彩带来精致的美感,体现季节特色,令人联想起各种时令风情。听觉:糕点的美好名称悦耳动听,蕴含情感寄托,充满文化气息,使人想起季节或景致、传说或历史故事等。和果子能给顾客带来这五种细腻的感官享受。

虎屋还在多地开设了收藏和果子历史"宝藏"的虎屋果寮。虎屋第十七代传人黑川光博表示:"我希望提供一个场域,将日式和果子带回初始的原点。"因此,位于静冈御殿场的虎屋果寮强调慢生活的体验,营运模式不计商业成本,设有优美的日式庭院。顾客在此可享用刚出炉的糕点,欣赏当地四季的自然风光。不仅如此,这里还设有专门的区域,让顾客可以了解和果子是怎么制作的,把店铺变成日式糕点文化的传播地。京都的虎屋果寮也在建筑规划上下了一番功夫,由建筑大师内藤广设计,外头保留了传统的屋身及屋瓦,内部以钢铁及原木搭出高挑的室内空间,屋顶格栅式的拱形设计让光线可自然地照射进屋内。虎屋果寮除了展示日本传统饮食文化之外,更设立了小

如何让故事常讲常新

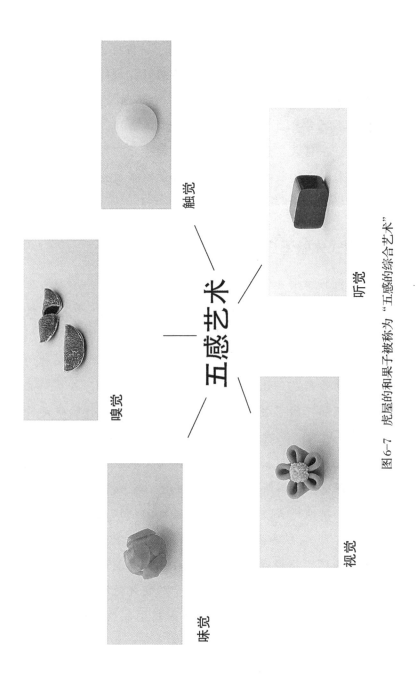

图6-7 虎屋的和果子被称为"五感的综合艺术"

第六章

型图书馆"虎屋文库",提供有关和果子、传统器具、日本历史故事等的各式藏书,并规划了小型传统日式庭院造景,让顾客在享用糕点的同时,能将环境、意境、心境融入食境里。

虎屋不把自己当作一家卖和果子的零食店,而是以历史文化为基础,在包装、体验、多元化、国际化方面进行创新,持续不断地书写新的故事和篇章,这种做法很值得我国老字号参考和借鉴。

沉浸式体验酒店特设"讲故事的大师"

所谓沉浸式体验营销,按照美国弗雷斯特研究咨询公司(Forrester Research)副总裁和首席分析师夏尔·范博斯科克(Shar VanBoskirk)的定义,是一种在消费者出现的所有场域营造的具有凝聚力且将消费者全方位包围的体验。通过品牌所营造的体验而非产品,让消费者持续关注品牌活动,加深对品牌和产品的了解。除了展览、娱乐等领域,沉浸式体验也延伸到酒店领域。澳大利亚的一家酒店也设置了沉浸式体验。

麦克01酒店(MACq 01)诞生在澳大利亚第二古老的城市霍巴特,那里也是塔斯马尼亚州的首府。当地原住民在此捕鱼、筑梦,第一批欧洲人从这里登陆。麦克01酒店被称为"一家有故事的酒店",它以多姿多彩的历史人物为设计灵感,让住客在酒店感受到塔斯马尼亚的过去与现在。比如酒店公共休息区的设计就是向塔斯马尼亚原住民和他们的文化致敬:中央壁炉由当地石匠打造,各种装饰品都由塔斯马尼亚原住民亲手制作。114间客房中的每一间都讲述一个真实人物的故事,比如塔斯马

如何让故事常讲常新

图6-8 酒店的中央壁炉由当地石匠打造,各种装饰品都由塔斯马尼亚原住民亲手制作

图6-9 麦克01酒店特设"讲故事的大师"一职

第六章

尼亚的英雄、探险家等。入住不同的房间，就是与不同的人物互动，沉浸在真实的故事之中，听见、看见、触摸并最终感受到塔斯马尼亚的精神气质。

为了做到完全的"沉浸式"，住客会在酒店遇到"塔斯马尼亚战士"和"被迫流放至此的囚犯"，也能和居住在这里的当地人交谈。麦克01酒店还特设"讲故事的大师"一职，他会带着住客自由穿梭霍巴特的街道，讲述这座城市的历史。

旅游景点和星级酒店大多千篇一律，但人们渴望获得更有代入感、更具互动性的消费体验，获得一种从参观者变成参与者的角色转变体验。越来越多的场景需要被赋予新的故事内容，以此满足用户表达自我、探索世界的需求。

第四节　让故事影响更多的人

除了了解收集客户的故事,有很多企业还通过一些全球共同关注的议题,如环保、扶贫、反对种族歧视等,来推进公益事业和合作项目,从而很好地链接消费者、所有合作伙伴和企业利益相关者,甚至是公众。

日本花王的生态环保宣言

创建于1887年的日本花王将生态环保(ECO)宣言融入企业生产、经营和销售等各个环节,不仅是生产过程,还在消费者的使用过程中运用花王独特的技术,来避免造成环境负担。此外,花王在原料采购、生产、物流、销售、使用和废弃等环节不断提出能吸引所有利益相关者一同参与实施的更为环保的做法。

一是在原料采购、生产、物流和销售等环节,与合作伙伴

"一起来ECO"。例如使用回收的PET容器，提高产品运送效率（减少运送频率、节省包装材料），加速向使用植物等可持续性原料的方向转变。

二是与消费者"一起来ECO"。向消费者持续不断地推出环保的产品，主要是三类：节水、节能型产品；可补充、替换的节约资源型产品；小型化、浓缩化的节约资源型产品。

三是与社会团体"一起来ECO"。积极推进与社会化环保活动密切联合的生态环保活动，支持环保活动（如植树造林），与同行业、行政机关以及相关团体共同组织环保活动，并收集各个环节的环保小故事，应用在企业对外宣传材料中。

企业与公益双赢的"买一捐一"

美国帆布鞋品牌汤姆斯（TOMS）的故事始于其创始人布莱克·麦考斯基（Blake Mycoskie）的一次阿根廷之旅。他在阿根廷的一座小村庄里，发现当地很多小孩子没有鞋穿，便创立了汤姆斯，意为"明日之鞋"（Tomorrow's Shoes），并承诺"买一捐一"（one for one），即汤姆斯每售出一双鞋，就为贫困国家或地区的孩童免费提供一双新鞋。与传统慈善、公益机构依靠外界捐赠不同，汤姆斯这种赢利与慈善相结合的形式在当时很是新颖，创业初期就吸引了不少关注，主流媒体几乎都作过报道，订单量甚至一度达到了库存的9倍，六个月内就售出了一万双鞋。穿着汤姆斯鞋就意味着你帮助了一个穿不起鞋的孩子，人们在买鞋的同时也分享和传播了自己的善心。汤姆斯品牌之所以备受关注，正是由于它注重社会责任，引起消费者"我是关注社会责任的人"的自我意识的觉醒。这是一种光环效应，汤姆斯在社会责任上的贡献，使消费者产生了强烈的认同感。

截至2016年10月，汤姆斯与全球超过100家慈善机构、捐赠伙伴合作，向全球贫困儿童提供了超过7000万双新鞋。在意识到"买一捐一"理念亦可服务于其他全球性需求后，汤姆斯在2011年启动了"护眼行动"，推出汤姆斯眼镜，每售出一副太阳眼镜或者眼镜框，就资助一名患者恢复视力。截至2016年10月，汤姆斯已帮助13个国家的44.5万名患者恢复视力。2014年汤姆斯又推出咖啡品牌，通过与非营利组织"人民之水"（Water for People）合作，每售出一袋高档咖啡豆，就为有需要的地区送去净水。"买一捐一"就这样由一个简单的想法发展成一种强大的商业模式。2009年，汤姆斯在中国启动了相关捐赠项目，截至2016年6月已捐赠超过65万双鞋子给有需要的中国孩子。

绿箭口香糖的公益设计项目

荷兰著名珠宝设计师泰德·诺顿（Ted Noten）发现城市的地面上到处是人们随意吐出的口香糖，很难清除，严重破坏了城市环境。1998年，他联合绿箭口香糖开发了一个公益设计项目：参与者会得到一块口香糖，要求他们把口香糖"咀嚼成自己喜欢的胸针形状"。在吐出自己的"艺术品"之后，由专家小组进行评选，入选者可将嚼过的口香糖用金、银或古铜浇铸，并配上可穿线的孔洞用于佩戴。

多年来，泰德·诺顿向客户提供自己的"咀嚼套件"：一个小盒子，里面装着一块口香糖、一些滑石粉（防止粘连）和一

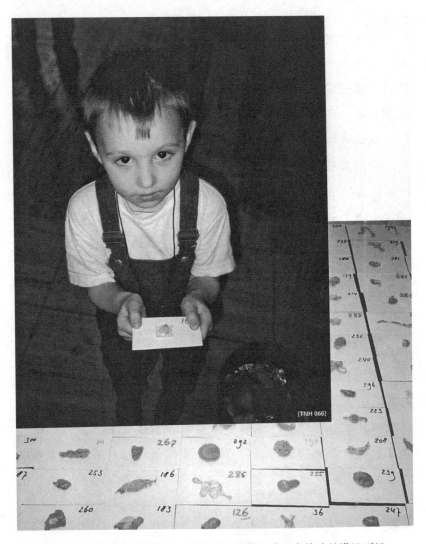

图6-10 珠宝设计师泰德·诺顿联合绿箭品牌开发的公益设计项目

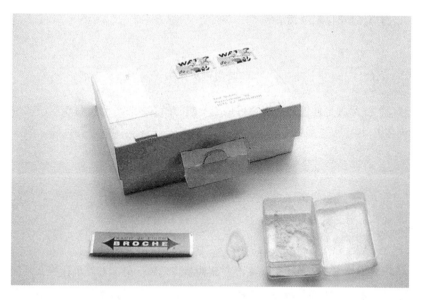

图6-11 绿箭的"咀嚼套件"

个信封。如果客户对自己设计的造型感到满意,则可以用金或银将其铸造成胸针。

泰德·诺顿的这个项目表明,任何人都可以成为艺术家,甚至是孩子。口香糖材料本身并不难处理,而且也不值钱,直到艺术家决定赋予其新的形式和更重要的意义。

泰德·诺顿想表达的是:口香糖只是一种普通的糖果,几乎每个人都可以使用,无论什么种族、阶级、性别、宗教……对世界环境的保护也同样人人有责。这样一种事件营销也同样很好地宣传了绿箭口香糖的愿景:"简单快乐,精彩生活!"它为绿箭品牌源源不断地带来更多生动、真实且个性化的故事,使得平凡的产品变得珍贵。

第六章

本章小结和学习重点

（1）产品有生命周期，不同阶段可采用不同的故事营销战略。

（2）品牌延伸值得关注，可依据不同的品牌延伸战略进行相应的故事创新。

（3）体验经济带来全新的品牌故事体验。

（4）通过一些全球共同关注的议题可推进公益事业和合作项目，使品牌故事影响更多的人。

在品牌和产品过剩的市场里，企业必须讲述强有力的品牌故事，一方面让企业内部更好地规划未来的产品和品牌发展，另一方面也让更多人能记住、参与、体验并传播品牌故事。为了更好地迎接市场竞争的挑战，企业必须让故事有持续的吸引力。为了实现这一点，管理层必须做好准备，联通不同部门的工作，让整个公司紧密合作，共同支持一个核心故事，不断扩展和更新各种内外部故事资源。

课后思考题

1. 请简述产品周期的概念和不同阶段，举例说明品牌管理者如何在其产品生命周期的不同阶段采用不同的故事营销战略。

2. 简述品牌延伸的基本概念和主要的品牌延伸战略，选择一个品牌来绘制品牌家谱图，思考该企业如何通过品牌延伸来推动品牌故事的创新。

3. 讨论近年来全球共同关注的议题,举例说明品牌如何通过参与公益活动来传播品牌故事,以及此举能否促使公众更加关注品牌愿景和理念。

第七章
中华老字号的传奇与传播

第一节 字号的寓意与创始故事

许多老字号的商标源自最初的店名，旧时习惯称其为"字号"。字、号作为中国特有的一种文化现象，在我国有着悠久的历史。它最早是对人的一种称呼方式。人的称谓，有名、字、号之别。名，是出生时父母或长辈所起，是人一生中唯一的正式称谓。字、号虽不是正式称谓，但在古代却被普遍使用，成为一种文化习俗，寄托了特定的志向、情感、修养和追求，或是寓含某种情趣。

字号命名的主要内涵

早期的老字号名称多取自其创始人姓名，即以店铺创始人、产品发明人等的姓名来为店铺命名，此后虽店主不断更换，但店铺名称保持不变。清末民初，由于机器化生产逐步取代了个人手工作坊，市场上同类商品竞争日趋激烈，为了区分不同

第七章

图7-1 商务部颁发的中华老字号牌匾

商家,突显产品特色,逐步出现了各种商标,不过大部分商家的商标与字号相同。北京和上海老字号的命名主要有以下几种类型:

以雅字命名

由于儒家重文抑商的传统,读书人耻言财利,因而一些店铺的命名也以表现书香为荣,以追逐铜臭为耻,部分店铺的字号听起来就像文人的书房一样,叫"斋"、"阁"、"轩"、"居"。例如"五芳斋"、"荣宝斋"、"宏音斋"、"老半斋"。

以俗语命名

与雅字相反的做法是采用俗语命名,即以民间口语为店铺字号。事实上,用雅字语高和寡,往往只能博得知识分子和上

图7-2 2005年的"鲜得来"餐厅门面

图7-3 "鲜得来"的商标设计

第七章

流社会的欣赏。当然，得到他们的好评也易于名扬四海，但做买卖所面对的是一个很大的消费群体，相对来说，用俗语做字号更容易使广大群众产生亲近感，有时比雅名还要响亮，例如上海的"鲜得来"排骨年糕。1921年，何世德在现今的西藏南路177弄口摆了个卖排骨年糕的小摊。何世德想用吃客的赞语"鲜得来"做自己的招牌，而且自己的名字里有"德"字，以"德"似"得"曰："味鲜美，重道德，生意来"。这个字号的巧妙之处就在用上海方言左右可读。过路人见此招牌纷纷驻足，口念"鲜得来"、"来得鲜"，又闻到排骨年糕的阵阵香味，顿觉饥肠辘辘，便欲一吃为快。"鲜得来"从此名声大振，生意越来越兴隆，名气也越做越响。

以别称命名

别称是指人或物本名以外的名称，例如绰号、昵称等。很多老字号起家时都是小摊、小铺，顾客给他们起的外号口口相传，成为字号名。比如清顺治年间有间卖刀剪的铺子，掌柜姓王，因脸上有麻子，故同行人及顾客直呼其为"王麻子"。他并不制作刀剪，而是从民间作坊收购。为保证质量，掌柜亲自选货，坚持"三看"、"两试"：看外观，看刃口，看剪轴；试剪刃，试手感。凡经不起"三看"、"两试"的一律不收，只有一流的上品才能拿到柜台上去卖，所以这家铺子的刀剪以质量好而闻名，远近的人们都慕名前来选购。这家铺子由此被称为"王麻子刀剪铺"。

清光绪年间，山东厨师冯天杰自临清入京，在东安门大街摆摊卖爆肚,因其做工精细,人送外号"爆肚冯"。冯天杰的次子冯金生13岁随父学习,16岁接替其父经营"爆肚冯",数十寒暑潜心钻研,终使冯家爆肚有了更明显的特色。

又如1940年初夏,年仅16岁的青年章润牛逃难来到上海,为了糊口,不得不做一些小买卖。他的买卖十分简单,就是买一些鸡鸭的下脚,按照家乡风味加工成熟食后,提篮沿街叫卖。经过几年的努力,他攒了些钱,就在"大世界"附近的大东新旅社(今云南南路、宁海东路口)门口摆了一个小小的鸡粥摊,卖白斩鸡以及用鸡汤熬制的粥。由于他是绍兴人,卖的白斩鸡选用的又是绍兴阉鸡,所以吃客都叫他"小绍兴"。时间久了,"小绍兴"不但成了他的外号,也成了他的摊名,并最终演变为字号和商标名。

以地名命名

食品店的字号有不少来源于路名或者街区名,如"王家沙"就是依其所在的王家厍而命名的。王家厍是上海静安区东部一老社区,即静安寺路(今南京西路)、卡德路(今石门二路)、同孚路(今石门一路)、爱文义路(今北京西路)所围成的区域。当初命名时考虑到要容易识记,而且即使用沪语读起来也要很好听,创始人姚子初便用此地的谐音为点心店取名"王家沙"。

又比如"乔家栅",它创建于清宣统元年(1909年),原店名叫"永茂昌",开在上海旧城厢小南门,专营四季糕团、粽子、汤圆等特色点心,因在乔家栅路经营,后将店名由"永茂昌"改成了"乔家栅"。

第七章

图7-4　2011年豫园的南翔小笼店招

也有直接用商品原产地命名店铺的,例如南翔小笼。南翔小笼是南翔镇的传统名产,原名南翔大肉馒头,以皮薄、肉嫩、汁多、味鲜、形美著称,清代同治年间由日华轩点心店的黄明贤发明。后来日华轩的小笼师傅或受雇于古猗园,或自行开店,全镇酒菜馆争相仿制。南翔师傅又在上海城隍庙和西藏路开设南翔小笼店,经常顾客盈门。

以行业惯用字命名

我国传统餐饮业中,以达官贵人为服务对象的高档饭庄的名号多富丽堂皇,如《东京梦华录》和《武林旧事》中就曾记载当时东京(今开封)的樊楼和杭州的泰和楼。以平民为服务对象的小门小店,名号就相对朴实,多用"店"、"馆"等字。上海的饭店爱叫"菜馆"、"酒楼"、"酒家",如老正兴菜馆、新雅粤菜馆、洁而精川菜馆等。西餐馆常用"社"字,如德大西菜社、海虹西餐社等。

以典故、诗句命名

用雅字再进一步,便是用典,有的来自诗书,有的来自成语。例如根据唐朝大诗人杜牧的诗句"牧童遥指杏花村"而命名的"杏花楼"。

表7-1 部分餐饮类老字号的寓意

老字号名称	字号寓意
王宝和	通达为王,风物为宝,圆满为和

续　表

老字号名称	字号寓意
沈大成	集点心与风味小吃之大成
功德林	积功德成林,普及大地
冠生园	品争冠,业求生,人兴园
梅林	如寒冬中盛开的梅花不畏雨雪冰霜,梅花成林象征吉祥、繁荣
鲜得来	味鲜美,重道德,生意来
立丰	立诚天下,丰食人间

总体而言,老字号的命名方式主要有如下几种:以雅字命名,以俗语命名,以别称命名,以建筑命名,以地名命名,以特色命名,以风俗命名,以经营目标命名,以行业用字命名,以典故、诗句命名,以创始人或经营者姓名命名,以历史事件命名,以历史人物命名,以吉祥物命名。

第二节 掌门人的经营之道与创业故事

老字号掌门人的经营之道与创业故事体现了老字号最初的经营理念，是老字号的精神和灵魂所在。老字号在发展历程中经历了许多风雨，有很多经营经验值得我们品读和借鉴。

许多老字号的经营之道受到中国传统文化的影响，如儒家思想和佛教文化。此外，由于部分老字号诞生于动荡的时局中，其经营思想也反映了自强不息的民族精神。

儒家思想的影响

儒家传统思想中的六德（智、信、圣、仁、义、忠）是老字号经营之道非常重要的价值基础，提倡仁德至上、先义后利、无信不立等经营原则，并强调商家需关注社会秩序、培养社会责任感，强调经商的道德准则。

例如冠生园的创始人冼冠生在经营上提出"三本三上"的

第七章

思想,以此来构筑品牌的灵魂。三本即本心、本领、本钱:本心——本着对顾客的良心和对公司的事业心去从事经营;本领——掌握产品的核心技术;本钱——要有资金实力。三者中,他认为最要紧的是"本心"。只有用心经营,才能做到"信誉至上、质量至上、顾客至上"这"三上"。由于冼冠生的精心打造,冠生园在20世纪二三十年代成为上海最好食品的标志,冼冠生也被称为"食品大王"。

图7-5 冠生园的创始人冼冠生

进入新时代以后,冠生园为了进一步提炼企业精神,在全体员工中开展了征集"企业精神"活动。企业精神是企业在长期生产经营实践中逐步形成的企业基本信念和理想追求,它是企业和职工价值观的集中体现。冠生园在近百名员工的投稿中选择了"品争冠,业求生,人兴园"这九个字作为企业精神:

"品争冠"——拓展新品争冠,提高品质争冠,弘扬品牌争冠;
"业求生"——改革创新求生,开拓市场求生,科技发展求生;
"人兴园"——广聚人才兴园,激励员工兴园,两个文明兴园。

佛教文化的熏陶

有些老字号的创始人信佛,受佛教文化中积德行善、救世济民思想的影响,在企业的经营之道融入了佛教思想和文化。

提到佛教文化,很容易会想到素食。做功德、吃素食是善男信女的修行之道,后逐渐为大众接受,成为一种新的饮食风尚。素菜馆命名常用"林"字,如功德林、觉林等。

功德林饭庄由杭州城隍山常寂寺维均法师的弟子赵云韶于1922年创立于上海,并于当年农历四月初八释迦牟尼生日这天

图7-6 功德林商标图案取自敦煌飞天　　图7-7 积功德成林,普及大地

图7-8　功德林素菜食雕

开设了功德林蔬食处。店名有"积功德成林,普及大地"之意,逢农历四月初八,还会专门买来鱼、麻雀、乌龟等放生。

另一个与佛教有关的品牌是"佛手"。20世纪二三十年代,日本"味之素"广告在上海触目皆是。有一个人买了一瓶加以分析,发现其有效成分主要是谷氨酸钠。随后,这个人在家中亭子间用烧杯、酒精灯做起了试验。经过数十次失败,终于获得了几十克心血结晶———国产味精的雏形。这个人就是"中国味精之父"吴蕴初。他于1923年创建了第一个国产味精品牌"佛手"。味精是由植物蛋白制成的,但它又有鱼肉的鲜味,适合素食人士使用。佛教徒信仰"西天佛国",珍奇美味天上有,不就是天厨吗?所以用"天厨"作为公司的名称非常适合。据史料记载,佛手牌味精的商标是由沪上著名画家、当时的中国佛教协会会长王一亭先生精心设计的,于1924年1月正式申请注册,之后迅速为大众熟识。

图7-9 佛手牌味精罐头　　图7-10 天厨味精厂各产品的商标设计　　图7-11 佛手牌商标

第七章

图7-12 天厨味精厂旧址

振兴国货的民族精神

有些老字号诞生于动荡的时局之中,其经营思想也反映了自强不息的民族精神。

例如知名罐头商标梅林金盾:1929年春,几位年轻的中国厨师租借了上海蓝维霭路的石库门房子,集资数百元购置土灶、蒸锅及一些简陋的用具,踏上了创业之路。他们都是西菜能手,熟悉国内外各种口味,最终试制出中国的番茄沙司,打破了上海餐饮业洋番茄沙司一统天下的局面。当时,脆弱的民族工业

图7-13 金盾牌番茄沙司罐头的包装和商标设计

第七章

处在洋货包围之中,这些年轻人抱着"如梅花那样傲霜凛雪,像金盾那样捍卫国货阵地"的想法,把工厂命名为"梅林",把商标命名为"金盾",并根据罐头产品的包装特点设计了徽章式的商标图案。

第三节 产品文化与包装故事

老字号产品文化

产品文化是指以企业生产的产品为载体,反映企业物质及精神追求的各种文化要素的总和,是产品价值、使用价值和文化附加值的统一,又是一类消费者群体在某段时期内对某种产品所蕴涵的特有个性的认识。老字号产品文化是指凝结在老字号产品之中的文化,既有物质产品的文化,也有属于精神文化层面的精神产品、服务产品文化,还包括物质产品之中的精神文化(如产品的创始故事、外观设计、包装设计等)。老字号通常都有世代传承的经典产品,产品的知名度有时候甚至超过字号或商标本身,代表了老字号的品牌信誉和形象。

老字号产品文化主要包括三层内容:一是对产品的历史文化和整体形象的感知;二是与产品文化直接相关的产品质量和信誉;三是产品设计中的文化因素。这三层内容都对产品包装设计

第七章

起指导作用。历经几代人传承的老字号经常更新和改良包装，其背后隐藏着很多鲜为人知的故事，值得企业挖掘和整理。

西学东渐的包装设计

老字号产品文化推广最直接的表现是产品的包装设计。19世纪末20世纪初，民族资本涉足上海食品行业，许多创始人受到洋货包装设计的影响，其产品的外包装材料与包装工艺有了很大的改进。与此同时，也有大量中国包装设计师吸取西洋食品包装之优点，在此基础上设计具有中国民族风格的外包装。例如，上海泰丰罐头食品公司是我国最早引进国外的密封铁盒技术包装食品的企业，他们使用的是椭圆形罐头包装铁盒。铁盒外纸质的包装标贴图样的画面内容具有鲜明的西方设计风格：以粉红色的细直线作为底纹，图样分为主图和副图两部分。右边的主图是该公司早期的厂房，采用非常精细的雕刻手法制版，线条十分清晰。左边的副图设计了红底白字缎带图案，上面印有"BISCUITS"（饼干）字样，四周配有大量装饰性的锯齿形花边。公司设立时间、具体地址、生产产品以及提醒顾客注意的事项，也一一用中英文在包装上加以说明。设计师还设计了浪花状的环绕形花边，以此美化这些文字说明。另外，在主图和副图的中间设计有"囍"字商标图样，其下的"饼干"二字四周装饰着精美的缠枝纹花边。这款饼干包装盒充分体现了当时受西学东渐潮流影响的设计师对西洋设计风格的有意借鉴，反映出当时在包装设计方面中西融合的指导思想和日益精进的设计理念。

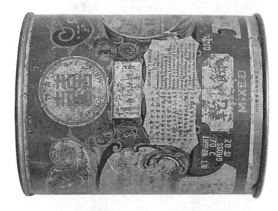

图7-14 泰丰"囍"牌饼干包装盒

第七章

图7-15　早期的泰康金鸡饼干听设计

图7-16　"金鸡"取代"福"字后的饼干听设计

第四节 独门"秘技"与匠心传承

老字号的技艺文化是指凝结在老字号传统技艺之上的文化。老字号最初多由个人创建，其技艺由继承人世代承袭，有着属于自己的品牌历史、发展故事、制作技艺，品牌文化个性较强。老字号的技艺中有相当比例为非物质文化遗产。联合国教科文组织2003年10月通过的《保护非物质文化遗产国际公约》指出，非物质文化遗产包括以下几类：口头传统和表现形式，包括作为非物质文化遗产媒介的语言；表演艺术；社会实践、仪式、节庆活动；有关自然界和宇宙的知识和实践；传统手工艺。非物质文化遗产概念中的非物质性，是与满足人们物质生活基本需求的物质生产相对而言的，指以满足人们的精神生活需求为目的的精神生产。所谓非物质性，并不是与物质绝缘，而是指其偏重于以非物质形态存在的精神领域的创造活动及其结晶。每年六月的第二个星期六是中国的文化遗产日。

第七章

我国的非物质文化遗产项目包含四个不同级别,分别是国家级、省级、市级、县级,北京和上海等城市设有区级项目。北京老字号中属于国家级的项目很多,涉及行业有医药、工艺品、家具、衣帽、食品等。

表7-2　北京老字号中的部分国家级非物质文化遗产项目

字号	项目名称	字号	项目名称
同仁堂	同仁堂中医药文化	张一元	张一元茉莉花茶制作技艺
聚元号	聚元号弓箭制作技艺	王致和	王致和腐乳酿造技艺
王麻子	王麻子剪刀锻制技艺	六必居	六必居酱菜制作技艺
龙顺成	京作硬木家具制作技艺	东来顺	东来顺涮羊肉制作技艺
全聚德	全聚德挂炉烤鸭技艺	鸿宾楼	鸿宾楼全羊席制作技艺
便宜坊	便宜坊焖炉烤鸭技艺	月盛斋	月盛斋酱烧牛羊肉制作技艺
盛锡福	盛锡福皮帽制作技艺	天福号	天福号酱肘子制作技艺
红星	北京二锅头酒传统酿造技艺	仁和	菊花白酒传统酿造技艺
鹤年堂	鹤年堂中医药养生文化	仿膳	清廷御膳制作技艺
吴裕泰	吴裕泰茉莉花茶制作技艺	宏音斋	宏音斋笙管制作技艺
内联升	内联升千层底布鞋制作技艺		

老字号大多有着无可替代的独门"秘技",很多绝活绝艺是通过家族或师门关系传承的。例如国家级非物质文化遗产项目"陈李济传统中药文化":陈李济以生产蜡壳药丸闻名于世,其蜡丸存放100余年也不变质,制作之精良令人震惊,联合国教科文组织曾将这一生产工艺制成纪录片,向世界推广。又如景泰蓝是我国重要的民族工艺,明代的御用监和清代的造办处均在北京开设了为皇室服务的珐琅作坊。北京市珐琅厂传承的京珐牌景泰蓝制作工艺是国家级非物质文化遗产项目,也是全国景泰蓝行业中唯一的一家中华老字号。

上海也有许多国家级非物质文化遗产项目,如钱万隆酱油酿造工艺、南翔小笼馒头制作工艺、功德林素食制作技艺。上海的食品老字号中还有很多市级项目,占上海市级非物质文化遗产名录中传统手工技艺类的44.4%,是上海老品牌文化的重要组成部分。

表7-3 上海食品老字号中的部分市级非物质文化遗产项目

	第一批	第二批	第三批
传统手工技艺	杏花楼广式月饼制作技艺 鼎丰乳腐酿造工艺 南翔小笼馒头制作工艺 功德林素食制作技艺 绿杨村川扬菜点制作工艺	五香豆制作技艺 梨膏糖制作技艺 郁金香酒酿造技艺 崇明老白酒传统酿造技法 三阳泰糕点制作技艺 涵大隆酱菜制作技艺	老正兴本帮菜肴传统烹饪技艺 上海老饭店本帮菜肴传统烹饪技艺 本帮菜肴传统烹饪技艺 小绍兴白斩鸡制作技艺

第七章

续 表

第一批	第二批	第三批
凯司令蛋糕制作技艺 钱万隆酱油酿造工艺 王家沙本帮点心制作技艺 上海黄酒传统酿造技艺 高桥松饼制作技艺 真如羊肉加工技艺		神仙酒传统酿造技艺 上海米糕制作技艺 国际饭店京帮点心制作技艺

例如，南翔小笼创始人为南翔镇日华轩点心店的店主黄明贤，他用"重馅薄皮，以大改小"的方法改良大肉馒头，以不发酵的精面粉做皮，将猪腿精肉手工剁成馅料加上肉皮冻制作成馅。第二代传人吴翔升在上海城隍庙开设长兴楼，后改名为南翔馒头店。因战乱等原因，第三代、第四代传人的历史记载佚失。南翔小笼第五代传人封荣泉改良了制作工艺，第六代传人李建钢制订了相关规范，选料、配方、搅拌乃至揉面、擀面，每一道工序都有了明确的标准。

有的食品老字号生产周期特别长，甚至需要工人长期日夜照看，实属不易，比如钱万隆酱油。钱万隆酱油是清末上海本帮酱作工艺的主要代表，因经营有方而生意兴隆，江浙两省衙门为其颁发"官酱园"的青龙招牌。传统技艺酿造的"特晒酱

图7-17 悬挂于字号店铺门外的各类招牌

油",要春准备、夏造酱、秋翻晒、冬成酱,生产周期长达两年之久,几百只缸整齐排成长长的几列,形成"晒油街",故这种酱油又被称为"晒街油",具有质地厚、鲜味好、色泽红、香味足、久储不变的特点。

第五节　字号的传播故事

古代传播方式的沿袭

在我国，商品标记出现甚早，早在战国时期的金属工艺品上，便已出现类似印章的提款印记，以此标明其铸作年月、监造处所和制作工匠的名称。随着生产力的发展，商品的交流更加频繁。唐朝商业贸易非常繁荣，经济发展处于鼎盛时期，商标传播的意识也尤为突出，食品包装纸内已有暗纹标志。到了宋代，伴随城镇商业的繁荣和印刷技术的发展，纸质印刷类商业标记使用更加频繁。除了纸质标记，中国商业流通领域还有实物性标记，这便是悬挂于店铺门外的招幌。招幌，又称"市招"、"店招"、"幌子"、"望子"，是"招牌"与"幌子"的复合通称，也是中国商业习俗的特有形式。它是用象征实物表现产品以方便顾客认牌购物的一种宣传标记，多悬挂于店铺门楣、墙头、墙角等处，具有古朴的民俗艺术特质。

食品行业最原始的招幌是将食物直接展示，即实物招幌，后又进一步扩展至附属物招幌、模型招幌、象征招幌、文字招幌、图画招幌等多种形式。此外还有商贩肩举、张示的行号，写有广告文字的字招，约定俗成的符号性招幌。还可将特定工具、器皿、包装物作为招幌，或以行业习见装束如厨师服为幌子。这些形式的运用在中国古代商业领域非常普遍，南宋《东京梦华录》中便有记载："其士农工商诸行百户衣装，各有本色，不敢越外。谓如香铺裹香人，既顶帽披背；质库掌事，即是皂衫角带不顶帽之类。街市行人，便认得是何色目。"

图7-18 传统店招、旗幌、灯笼起到营造气氛、招揽顾客的作用

第七章

　　早期的老字号主要以招牌、店标、酒旗、灯笼、商品包装图记以及招贴、告示来招徕顾客。早在唐朝就出现了灯笼广告，灯笼多于夜间悬挂在店铺的门头，上面用文字表明其商号，以区别茶号、酒楼、客栈等。功德林素菜馆门口至今仍会悬挂灯笼，上面有时会印有"功德林"字样和"生意兴隆通四海"等宣传语。

　　另一种字号传播形式是楹联。楹联又称对联或对子，是写在纸、布上或刻在竹子、木头、柱子上的对偶语句，言简意深，对仗工整，平仄协调，是一字一音的汉语独有的艺术形式。说到楹联，不能不提及清代道光年间两江总督陶澍题写于上海豫园湖心亭的那副"野烟千叠石在水，渔唱一声人过桥"。这座湖心亭始建于清咸丰五年（1855年），后被改作茶馆，而这副湖心亭楹联一直保留至今。豫园很多老字号至今都张贴着各种楹联，有的楹联暗含字号名，宣传字号的由来或者含义。

图7-19　英国画家所作湖心亭图

图7-20　漫画家张乐平所作湖心亭除夕景况之剪影

广告营销大师冼冠生

在传统的广告中，讲故事是公司战略的一部分，也是一种让消费者对品牌产生认知和认同的促销手段。有很多例子可以从不同角度来说明讲故事已成为广告的驱动力。

在广告业中，讲故事是一种既定的、永远存在的元素，即商业广告总是在讲故事。同样，他们在追求消费者忠诚度的过程中，总是使用讲故事的四个元素，无论这些广告是出现在电视、广播里，还是杂志、报纸上，抑或是互联网中。

这就是说，人们越来越意识到讲故事的力量。今天，我们看到商业广告以最纯粹的形式使用讲故事的艺术，尤其是当企业越来越迫切地需要与竞争对手拉开差距以脱颖而出时。在向消费者提供超越实际产品的附加价值时，越来越多的公司希望围绕自己的产品和服务创造一个故事世界。这样一来，他们的故事就成为品牌价值背后的驱动力。

冠生园创始人冼冠生在100年前就已经是一位非常善于传播产品定位和品牌故事的广告营销大师了。推动冠生园产品发展的一个重要因素就是冼冠生进行了大规模的广告推广，既彰显了企业的实力，也引起了消费者的注意。冼冠生向来重视广告的宣传，通过实践总结了"广、大、小、活"这一做广告的原则。"广"是指广告的宣传面要大、要宽：报刊、路牌、电影、电台、车站、码头等，都是冠生园的广告发布地。"大"是指要做特大型的广告：冠生园曾在自己的厂房上竖起高达6米、写有"上海冠生园糖果饼干厂"字样的巨型霓虹灯广告，在上海的吴

第七章

淞码头竖立起高达三层楼的"冠生园陈皮梅"广告牌,使进出上海港的旅客无不为巨大的广告所吸引。"小"是指在报刊上不断地发布活泼的小广告,使"冠生园"这三个字不断地映入人们的眼帘。"活"是指广告的手法要灵活新奇。

1925年9月29日,冠生园在《申报》上投放月饼广告,广告中未出现冠生园独有的商标,只有"冠生园月饼"或"冠生园小月饼"的字样。虽然《申报》上也有其他月饼广告,但这些品牌的广告持续性和知名度都不如冠生园,广告的制作和创意也不能与冠生园相比。如广告《事实上的圆满》的文案说:"冠生园月饼,外形圆且美术,内中质料丰满。可口无生熟不匀之弊。各省人均配口胃,自食送礼能使食之者口福圆满,受之者心仪圆满也。"也有的广告语说:"举首望明月,低头便想吃到冠生园的月饼。"做广告时不忘记利用和挖掘古老习俗,使之更易于消费者接受,从而提高字号的美誉度和知名度。

1934年,冼冠生请当红影星胡蝶做广告。胡蝶坐在红地毯上,手搭一只硕大的月饼。广告的说明写道:"唯中国有此明星,唯冠生园有此月饼。"结果,明星效应带动了冠生园月饼的销售,出人意料的广告技巧使企业的营销获得了成功。同年,冠生园广式月饼在上海月饼评比中夺冠。中秋节,冠生园举办秋季游园会,特邀上海各界名流及记者二百余人参加,以科学炉焙月饼招待宾客,胡蝶也到场助兴。1935年中秋,冠生园包租游览船,举办水上赏月活动,邀请戏曲演员表演节目,凡购买冠生园月饼十盒以上者,赠水上赏月券一张。这些活动使冠生园品牌家喻户晓。1936年中秋,冠生园又向上海铁路局包下了

图7-21 冠生园早期的商标设计

七节车厢,披红挂绿,张灯结彩,装饰成"赏月专车",购买冠生园月饼十盒以上,可以乘专车从北站前往青阳港铁路花园饭店,在花园草坪上观看演员表演,还可以在湖上划船赏月,品尝冠生园的各种食品。连续三年的赏月活动,让"冠生园"三个字深入人心。

此外,冠生园还抓住礼品概念,在广告中宣传"独步上海无人不爱的冠生园月饼","中秋月饼礼的专家","现时各界必到的市场","中秋送礼最名贵之礼品","中秋月饼谁家的最好","为何人人都欢迎冠生园的月饼"。冠生园专门设计了送礼包装、礼品花篮、花漆美术月饼盒,并通过大规模的广告,成功建立了"冠生园——中秋月饼——中秋礼品"的联想,站稳了礼品市场。

综上所述,冠生园月饼能脱颖而出,闻名全国,得益于其对广告营销的重视,准确把握市场需求,不断地提升品牌知名度和消费者忠诚度。

第六节 老字号讲述新故事

影视剧成为宣传平台

老字号深厚的文化底蕴是影视剧创作的绝佳素材,通过影视剧和戏剧作品的传播,可以让老字号品牌形象更加深入人心。以老字号故事为原型创作的影视剧非常多,很多影视剧都在展现老字号兴衰的过程中表述民族情怀,如以同仁堂为原型创作的电视连续剧《大宅门》,以瑞蚨祥为原型创作的电视连续剧《东方商人》,以山西太原老字号宁化府为原型创作的话剧《责任》。此外,如《昌晋源票号》《大清药王》《大染坊》《乔家大院》《钱王》等大量优秀作品都涉及各行各业的老字号。

以全聚德为原型创作的话剧《天下第一楼》,在1988年6月首演于北京首都剧场。该剧讲述了创业于清代同治年间的老字号烤鸭店"福聚德"曲折的发展历程。为了更好地传播全聚德的品牌历史和文化,全聚德集团还投资参拍了电视剧《天下第一楼》。

老字号瑞蚨祥的故事也多次被搬上电视荧屏,除了1998年的电视连续剧《东方商人》,还有2005年北京电视台拍摄的大型纪录片《百年老店——瑞蚨祥》。2020年5月,以瑞蚨祥为主题的电视纪录片《瑞出东方》在中央电视台财经频道播出。该纪录片共三集:《商出亚圣》《商亦有道》《涅槃之路》。创作者用翔实的史料、扎实的采访,全景式地讲述了瑞蚨祥从1862年至今的创业史。该纪录片拍摄制作历时一年,摄制组辗转章丘、济南、周村、曲阜、邹城、北京、天津、武汉、苏州等地进行实景拍摄,采访老店员、顾客代表、经济专家及文化学者,收集大量的真实素材,全方位地展示瑞蚨祥的前世今生,抽丝剥茧地挖掘儒商文化的内蕴。

2012年,我国知名茶叶老字号吴裕泰为庆祝125周年店庆,拍摄了我国首部以茶行业老字号为主题的微电影《茶香三部曲》,由《咫尺》《回家》《集合》三部短片组成。这部微电影通过三个风格迥异的故事,把老字号的故事和当代人的爱情、亲情、友情相融合。《咫尺》中的爱情就像绿茶,清新淡雅,静静绽放,又悄悄消逝;《回家》中的亲情就像茉莉花茶,香气四溢,恒久悠远;《集合》中的友情像普洱茶,越陈越香。三部短片各具特色且富含深意。

老字号影视剧的主题大多是家族发展史,由老字号所依附的家族生发出曲折多样的故事。每一个老字号品牌,都有一个极富传奇性的创始人,几代传承人都有在不同年代艰苦经营的历程。这种传奇伴随着老字号品牌一同被传递给消费者,构成

第七章

品牌的历史溯源、精神寻根。有关老字号的电视剧通过某一个老字号的起起伏伏，围绕家族事业的发展、家族品牌的建立、不同对手的竞争、传统技艺的继承、主人公的曲折人生展现各种矛盾冲突，建构丰富多彩的故事情节，塑造典型的人物形象，充分发挥家族这一叙事母题的多样性。同时，这些老字号又多与中国历史上著名的商帮，如晋商、徽商、浙商、陕商等，有着千丝万缕的联系，这些商帮的兴衰变迁则与社会历史发展形成共振，为影视剧增色不少。

故事场景创新

场景创新指创新利用实体空间，消费者与新空间的互动所生发的意义就是品牌所要追求的意义。如何创新产品的服务场景？张小泉给出的答案是拥抱年轻人。现在的张小泉不只是剪刀，而是"刀剪+N"，这个"N"目前已经覆盖厨房、家居、阳台、花园等诸多生活空间，渗透进饮食、聚会、亲子娱乐等多种场景，极大地拓展了消费者对传统剪刀品牌的理解，创造了更多品牌新故事。

老字号品牌在沉浸式场景创新领域已有较多成功的模式探索案例，如老字号全聚德推出首家定制化影音沉浸式光影餐厅，通过光影技术复原老铺二层小楼的经营风貌，配合交互式体验环节，以及专属的餐桌布局陈设和服务流程，实现影像定投和菜品的虚实结合，向食客提供沉浸式就餐体验。近年来，随着多媒体技术的快速发展，投影、AR、VR等技术不断进步，应用范围越来越广，形式也更加多样。传统的餐饮业同质化状况严重,追求个性化的年轻消费群体呼唤更有代入感、更具互动性的消费体验。沉浸式光影餐厅借鉴影视、艺术、科学、技术和设计领域的元素,创造出戏剧性的感官体验,实现口腹视听全方位享受。全聚德光影餐厅通过主题策划,展现起源店、全聚德、新北京三者的文化脉络,用独创的九个篇章带领顾客从老铺出发,品味京城四季之炫,品味老字号文化之蕴,品味全聚德美食之精,有效地传播了全聚德历史文化、前门大街商业文化以及京味饮食文化,激活了品牌引流创收的新动力,实现了百年老字号"餐饮+场景"、"餐饮+文旅"场景体验模式的新突破。

图7-22 老字号全聚德推出首家定制化影音沉浸式光影餐厅

视线转到上海,位于静安区的老字号品牌馆于2022年10月1日向公众开放。它是在德莱蒙德住宅原址上修缮而成的,集中展示上海老字号的发展历史、品牌文化、工匠技艺、特色产品

第七章

和创新成果,用主题沉浸、场景互动、虚实交错的手法讲述百年老字号的"上海故事"。时任上海市委书记李强 2022 年 9 月在调研老字号品牌馆建设开放情况时指出,要深入贯彻落实习近平总书记考察上海重要讲话精神,认真践行人民城市理念,牢牢把握"五个人人"的努力方向,以敬畏之心保护传承"最上海"的城市历史文脉,以绣花功夫开放打造高品质的城市公共空间,让老字号品牌打得更响、传得更广。老字号是城市的重要名片,镌刻着城市记忆,彰显着城市形象。要做好保护中更新、更新中更好保护的大文章,充分挖掘其历史传承、文化价值、精巧工艺和品牌故事,运用现代技术等多种手段创新展陈方式,进一步增强市民的体验感、参与感,推动历史传承与时代潮流融合共生,使老字号与老建筑更好焕发光彩,成为上海"四大品牌"老字号的集中展示地。

联合 IP 跨界,新旧品牌成为忘年交

联合品牌战略中的品牌 IP 跨界,是品牌适应快速变化的时尚潮流的一种策略。跨界现在多被用来描述融合不同领域和文化形式而形成新行业、新模式、新风格。跨界营销有着十分久远的历史,早期品牌联名可以追溯到 1934 年的迪士尼与匡威(CONVERSE),现在的品牌联名则越来越大胆,从时装品牌唯特萌(VETEMENTS)牵手敦豪物流(DHL),到耐克在国内与顺丰联名,从前隔行如隔山的不同领域,如今却用彼此的碰撞在瞬间吸引众多关注,如同两块互斥的磁铁,当你换一个方向将它们组合时,就能形成彼此吸引的整体。

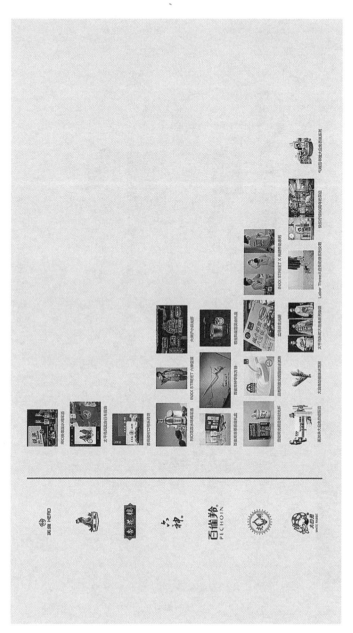

图7-23 上海老字号品牌跨界合作产品

第七章

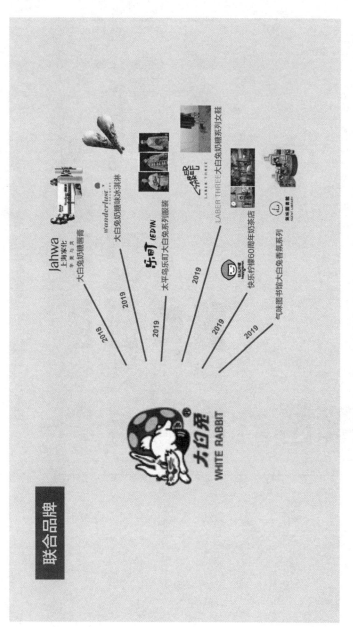

图7-24 大白兔的联合品牌架构

中华老字号也不甘示弱，百雀羚、光明食品、英雄钢笔、大白兔奶糖、杏花楼、凤凰自行车等，近年来纷纷跨界合作，创新产品，在线上线下将品牌故事进行整合传播，让老字号在新一代年轻消费者心中留下印记。

最大胆的跨界合作当属大白兔，已成为中华老字号品牌复活的热点话题，从图7-25至图7-30可以看到大白兔和食品、化妆品、服饰、女鞋品牌等的跨界合作。

大白兔联合鞋履品牌LABER THREE的跨界营销是前者互补策略的一种实践。将受众基本没有重合的两个品牌结合，使双方都能获得原本计划外的消费者。LABER THREE主打趣味和创造，用独特、有趣的语言表达独立女性的自我意识。此二者的跨界合作推出大白兔奶糖系列18款单鞋，以浅粉、奶白、淡蓝的糖果色为主，结合时尚元素，展现优雅、可爱、率真的少女感。大白兔品牌与新锐鞋履品牌合作，让敢于尝试新鲜事物、注重消费体验、崇尚独立自我、富有少女感的"95后"、"00后"消费群体感知大白兔的品牌形象，传递大白兔的品牌理念，体验大白兔的产品延伸。

大白兔与美加净的跨界营销是后者突出与强化策略的一种实践。大白兔和美加净都是上海的老字号国货品牌，中国消费者对它们印象深刻，在从前的物资匮乏时代，上海的奶糖和护肤品都可谓明星产品。时至今日，此二者的联手能够更有效地勾起年龄渐长的消费者的怀旧情绪，借助味觉、触觉、嗅觉、视觉，联手进行感官刺激。此外，奶糖原料中包含白色的乳制品，滋养身体，美加净经典产品护手霜也是白色乳液质感，滋

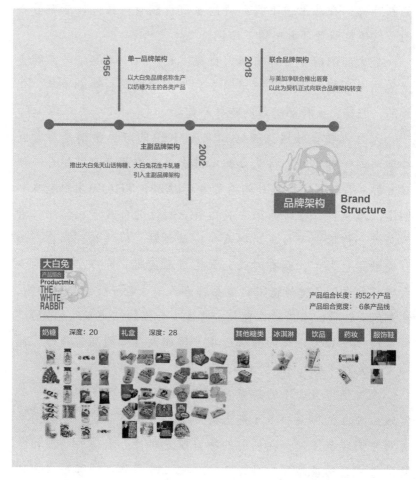

图7-25 大白兔跨界发展中的品牌架构和产品组合分析

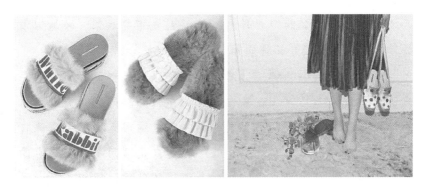

图 7-26　大白兔与 LABER THREE 的跨界合作

图 7-27　大白兔与美加净跨界合作生产润唇膏

第七章

润皮肤，它们融合为润唇膏毫不突兀。大白兔润唇膏在包装上延续了大白兔奶糖的经典外形，能够引发相关联想，较易为消费者接受，更能提升品牌的知名度和美誉度。

　　大品牌提携小品牌，二者是共生关系，只要目标群体、品牌理念一致，小品牌反过来也可以增强大品牌的竞争力。大白兔与气味图书馆携手推出香氛系列香水、沐浴露和护手霜等日化产品，喜欢尝鲜、偏爱国货的年轻受众是这两个品牌共有的消费群体。跨界产品的奶糖味融合淡淡的花香，甜而不腻，是目标受众喜欢的小清新风格。大白兔奶糖的香甜从味觉延展到嗅觉，达到文化与情感层面的联结，形成"有温度"、"有情怀"的产品。时尚、简约的包装设计，融合大白兔品牌的跃兔形象、红蓝黑经典颜色等品牌元素，提供视觉、嗅觉的感官体验。用气味唤醒记忆是气味图书馆的品牌理念，大白兔将这一点与自身品牌理念"用心制造甜蜜，用爱传递快乐"相结合，通过气

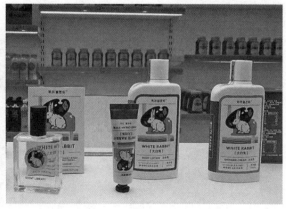

图7-28　大白兔联名气味图书馆，勇闯日化行业

味与包装设计唤醒消费者的童年记忆。

2019年8月,大白兔牵手比利时巧克力品牌歌帝梵(GODIVA),打造了三款独具大白兔糖奶香的冰淇淋产品,经典的大白兔元素呼之欲出。大白兔糖纸包裹的蛋筒,香草风味和大白兔奶糖口味融合的基底,冰淇淋表面还撒上特制的大白兔口味奶粉增强味觉体验,从"颜值"到"口感"都让人欲罢不能。蛋筒里大白兔标志性的糯米纸,更是这款国民奶糖的忠实粉丝们浓浓的"回忆杀":"以前大白兔奶糖上就是这样一层糯米纸,吃着很感动。""从夏天一直等到秋天,终于官宣了,这个味道很不错,是我很喜欢的甜味。""奶味十足,巧克力的味道也非常浓厚。"自从山寨版大白兔冰淇淋在异国走红后,大白兔的粉丝对正版大白兔冰淇淋一直呼声不断,冠生园也一直在谨慎寻找合作伙伴。经过5个月的紧张筹备,这款由歌帝梵巧克力总厨和大白兔研发团队精心打造的歌帝梵大白兔冰淇淋才得以面世。

老字号和年轻品牌的联名,在开拓新产品的同时吸引了很多年轻用户的关注。跨界营销的核心是品牌故事的创新,使品牌的形象实现多维度的创新和延伸。有情怀的大白兔是上一代消费者的童年记忆,它需要在延续这份感动的同时,吸引更多新的消费者。为实现上述目标,跨界的故事营销是必要且紧迫的。从实践的反馈来看,需要继续对跨界领域和品牌作更细致的研究考量,参考品牌自身特性、品牌核心故事、品牌文化选择进行长期合作。在产品的研发上必须投入更多精力,必须拿出当年大白兔奶糖的研发决心。

图7-29 大白兔牵手歌帝梵,打造独具大白兔糖奶香的冰淇淋产品

图7-30 大白兔图案成为时尚符号出现在包袋设计中

只有坚持以用户体验和产品口碑为首要追求,挖掘消费者的潜在需求,才能实现1+1>2的故事营销效果。

本章小结和学习重点

(1) 字号命名各有其寓意和内涵。

(2) 老字号创始人的经营之道与创业故事是老字号各种故事的灵魂。

(3) 老字号产品文化主要包括三层内容,能够指导产品包装设计与创新。历经几代人传承的老字号包装经常更新和改良,背后隐藏着很多鲜为人知的故事,值得企业挖掘和整理。

(4) 老字号的技艺中有相当比例为非物质文化遗产。

(5) 老字号的宣传既使用了沿袭自古代的传播方式,也使用了近代和现代的传播方式。

(6) 如何吸引更多年轻消费者,不断讲述新故事,是值得老字号思考的重要问题。

中华老字号不仅是一个称号,更蕴含着精神文化层面的内容。历经上百年的风雨,中国社会环境发生了巨大变化,老字号历久弥坚,积累了丰富的商业经验和教训、独特的经营之道和企业文化。

课后思考题

1. 从某个行业如食品行业、药品行业中,选择十个不同字号分析其命名的寓意和内涵,整理有关其名称由来的小故事。

2. 谈谈知名老字号创始人的经营之道与创业故事。

3. 举例分析老字号包装设计的更新和改良,整理其背后隐藏的鲜为人知的故事。

4. 思考老字号如何吸引更多年轻消费者,举例说明老字号可以如何讲述新故事。

参 考 文 献

[1] AAKER D A, KELLER K L. Consumer evaluations and brand extensions [J]. Journal of marketing research, 1990, 54(01): 27-41.

[2] DELARGE C A. Storyteling as a critical success factor in design processes and outcomes [J]. Design management review, 2010, 15(03): 76-81.

[3] FISHER W R. Human communication as narration: toward a philosophy of reason, value and action [M]. Columbia: University of South Carolina Press, 1987.

[4] FOG K. Storytelling: branding in practice [M]. New York: Springer Publishing, 2005.

[5] GENETTE G. Narrative discourse: an essay in method [M]. New York: Cornell University Press, 1983.

[6] KELLER K L, AAKER D A. The effect of sequential introduction of brand extensions [J]. Journal of marketing research, 1992, 29(01): 35-50.

[7] MATHEWS R, WACKER W. What's your story? Storytelling to move markets, audiences, people, and brands [M]. New York: FT Press, 2010.

［8］MCKEE R. Story: style, structure, substance, and the principles of screenwriting［M］. New York: ReganBooks, 1997.

［9］NEUHAUSER P C. Corporate legends and lore: the power of storytelling as a management tool［M］. New York: McGraw-Hill, 1993.

［10］PERA R, VIGLIA G, FURLAN R. Who am I? How compelling self-storytelling builds digital personal reputation［J］. Journal of interactive marketing, 2016, 35(01): 44-55.

［11］SIMMONS A.The story factor［M］. Cambridge, MA: Perseus Publishing, 2001.

［12］布莱尔，阿姆斯特朗，墨菲.360度品牌传播与管理［M］.胡波，译.北京：机械工业出版社，2000.

［13］董小英.叙述学［M］.北京：社会科学文献出版社，2001.

［14］里斯 L，里斯 A. 品牌的起源［M］.寿雯，译.太原：山西人民出版社，2010.

［15］南顿，迪克斯.故事营销有多重要：用终极故事和传媒思维打造独特品牌［M］.闻佳，邓瑞华，译.北京：中国人民大学出版社，2016.

［16］诺塞尔.如何讲好一个故事：引爆说服力的故事思维训练［M］.叶红卫，刘金龙，译.北京：中信出版社，2019.

［17］彭江根.跨界营销——传统企业借跨界营销突出重围［M］.北京：经济管理出版社，2016.

［18］唐伟胜.国外叙事学研究范式的转移——兼评国内叙事学研究现状［J］.四川外语学院学报，2003（02）：13-17.

［19］王成荣.老字号品牌文化［M］.北京：高等教育出版社，2018.

[20] 王菲.品牌叙事［M］.北京：中国人民大学出版社，2022.

[21] 汪秀英.品牌学［M］.北京：首都经济贸易大学出版社，2007.

[22] 王正志.中华老字号——认定流程、知识产权保护全程实录［M］.北京：法律出版社，2007.

[23] 维森特.传奇品牌：诠释叙事魅力，打造致胜市场战略［M］.张超群，钱勇，译.杭州：浙江人民出版社，2004年.

[24] 吴正锋.跨界营销［M］.广州：广东经济出版社，2018.

[25] 余明阳，戴世富.品牌文化［M］.武汉：武汉大学出版社，2008.

[26] 袁绍根.品牌叙事：提升品牌价值的有效途径［J］.日用化学品科学，2005（07）：25-30.

[27] 张寅德.叙述学研究［M］.北京：中国社会科学出版社，1989.

[28] 赵毅衡.当说者被说的时候：比较叙述学导论［M］.桂林：广西师范大学出版社，2013.